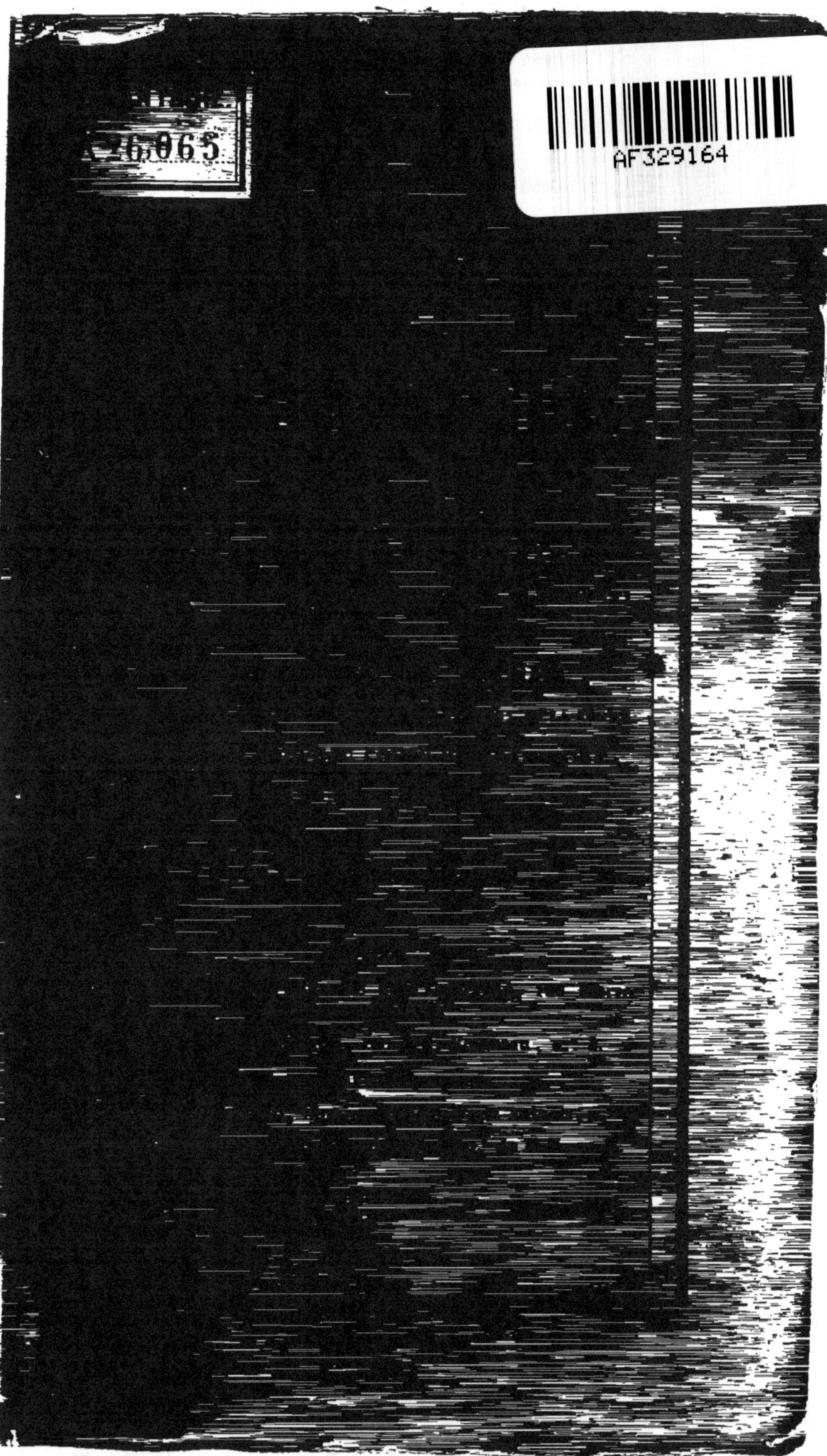

ABRÉGÉ

DE LA

GRAMMAIRE FRANÇAISE,

D'APRÈS LES PRINCIPES

DE L'ACADÉMIE.

AMIENS, DUVAL ET HERMENT, IMPRIMEURS DE L'ACADÉMIE, PLACE PÉRIGORD, 1.

ABRÉGÉ

DE LA

GRAMMAIRE FRANÇAISE,

D'APRÈS LES PRINCIPES

DE L'ACADÉMIE,

Avec Questionnaires, Exercices pratiques et Procédés;

PAR

Adr. GUERRIER DE HAUPT,

DIRECTEUR DE L'ÉCOLE NORMALE DU DÉPARTEMENT DE LA SOMME.

EXTRAIT DU NOUVEAU COURS DE GRAMMAIRE,

PAR LE MÊME AUTEUR.

———

Prix : 75 c·, cartonné.

———

PARIS.

Chez **L. HACHETTE**, libraire de l'Université, rue Pierre-Sarrazin, N.º 12 ;

Et chez **E. TETU**, libraire, rue J.-J.-Rousseau, N.º 3.

AMIENS.

Chez **PRÉVOST-ALLO**, libraire, rue des Verts-Aulnois, N.º 2 ;

Et chez les principaux Libraires du dép.ᵗ de la Somme.

=

1842.

Avertissement.

L'*Abrégé de Grammaire française*, par M. Guerrier de Haupt, est un de ces bons livres d'enseignement, non moins utiles aux maîtres qu'aux élèves : mis à la portée des enfants, cet ouvrage, d'après un plan tout-à-fait nouveau, présente chaque leçon accompagnée de questions clairement formulées, d'exercices pratiques servant à faire l'application des principes, et d'un procédé spécial ayant pour objet de guider dans l'emploi des exercices, ou dans la pratique de la leçon. Il offre donc au maître une méthode d'enseignement, des leçons toutes préparées, et à l'élève, une marche facile et sûre pour étudier, même seul, avec fruit.

L'expérience a démontré que l'usage des cacographies expose plutôt les enfants à faire des fautes qu'il ne leur apprend à les éviter ; l'Université proscrit avec raison ce mode vicieux d'enseignement. Les exercices de l'*Abrégé* ne comprennent donc que des phrases et des mots corrects, et sont composés de sentences, de pensées morales, qui, toujours intéressantes et propres à porter l'esprit à la réflexion, ont encore la plupart un autre avantage, celui de tracer des règles de conduite pour les diverses circonstances de la vie.

L'auteur n'a point perdu de vue que, dans une grammaire élémentaire, les principes de la langue doivent non-seulement être exposés avec simplicité, avec concision, et dégagés de tous les développements qui pourraient surcharger la mémoire des enfants, mais aussi qu'ils ne doivent pas moins réunir toutes les conditions d'exactitude et de justesse, indispensables pour exercer le jugement et développer l'intelligence.

Outre les éléments de la grammaire, cet ouvrage contient les notions les plus usuelles de la syntaxe sur chaque espèce de mots, et les corrections d'un grand nombre de locutions vicieuses.

L'*Abrégé* est destiné particulièrement aux jeunes enfants ; l'ouvrage principal, le *Nouveau Cours de Grammaire*, sera nécessaire à ceux qui voudront compléter leur instruction sur cette partie de l'enseignement ; il est également nécessaire à tous les maîtres sans exception : c'est là seulement que les uns et les autres trouveront avec développements les règles de la syntaxe, et la solution raisonnée des nombreuses difficultés que présete la langue française.

ABRÉGÉ

DE LA

GRAMMAIRE FRANÇAISE,

D'APRÈS LES PRINCIPES

DE L'ACADÉMIE.

CHAPITRE PRÉLIMINAIRE.

PREMIÈRE LEÇON.

DÉFINITION DE LA GRAMMAIRE. **1.** — La *Grammaire* est l'art qui enseigne à parler et à écrire correctement.

2. — Elle apprend la nature des mots et comment il faut les employer pour exprimer ce que l'on pense.

DE LA PROPOSITION. **3** — On nomme *Proposition*, une réunion de mots servant à exprimer ce que l'on pense d'une personne ou d'une chose ; EXEMPLES : *Dieu est bon. Ma maison est agréable.*

DE LA PHRASE. **4.** —On appelle *Phrase*, une réu-

PREMIÈRE LEÇON.

QUESTIONNAIRE.— *1.° Qu'est-ce que la Grammaire ?— 2.° Quelles choses apprend-elle ? — 3.° Que nomme-t-on proposition ? — 4.° Qu'est-ce qu'une phrase ? — 5.° Qu'est-ce que les mots ? Quelles sont les principales divisions des mots ? — 6.° A quoi servent les dénominatifs ? — 7.° Qu'est-ce que les modificatifs ? — 8.° Quel est l'emploi des conjonctifs ? — 9.° En combien de sortes particulières divise-t-on les mots ? Qu'est-il dit de l'interjection ? — 10.° Que nomme-t-on mots variables ? — 11.° Qu'est-ce qu'un mot invariable ?— 12.° Quelles sortes de mots sont variables ? —13.° Quelles sortes sont invariables ?— 14.° Que distingue-t-on dans les mots variables ? — 15.° Qu'est-ce que les mots primitifs et les mots dérivés ?*

EXERCICE. — Le bon esprit accompagne presque toujours le vrai talent.

Une petite impatience cause de grands troubles.

nion de mots ayant un sens achevé. La fin d'une phrase est indiquée par un signe appelé *point* (.). Une phrase renferme une ou plusieurs propositions ; Ex. : *Cet enfant est sage. On récompensera cet enfant, — parce qu'il est sage.*

DIVISIONS DES MOTS. 5. — Les *Mots* sont les signes de nos idées. Ils se divisent en trois sortes principales : les *dénominatifs*, les *modificatifs* et les *conjonctifs*.

6. — Les *dénominatifs* servent à désigner des objets, c'est-à-dire, des personnes ou des choses ; Ex. : *La* TERRE *est ronde ;* ELLE *tourne autour du* SOLEIL. Les mots *terre*, *elle* et *soleil* sont des dénominatifs.

7. — Les *modificatifs* expriment des idées qui ne se conçoivent que jointes à d'autres idées, comme les qualités des objets, leurs actions, etc. ; Ex. : MON *ami* VIENDRA. CETTE *personne* PARAÎT MALADE. *Vous* PARLEZ BIEN. A l'exception des trois dénominatifs *ami*, *personne* et *vous*, tous les mots de ces exemples sont des modificatifs.

8. — Les *conjonctifs* servent à lier les mots ou les propositions ; Ex. : *Le jeu* ET *la promenade plaisent* A *cet enfant ;* MAIS *l'étude ne lui procure pas moins* DE *plaisir.* Les mots *et*, *à*, *mais*, *de*, sont des conjonctifs.

La raillerie est l'éclair de la calomnie.

Le fruit suit la belle fleur, comme l'honneur suit une bonne vie.

Une dette est belle par son paiement.

Le don d'un homme généreux est un vrai présent ; le don d'un homme intéressé est une demande.

Les richesses et le monde passeront, mais les bonnes actions demeurent.

L'amour de Dieu et du prochain est la plénitude et l'abrégé de la loi.

L'homme abruti par la superstition est incapable de grandes actions.

Le fanatisme est à la religion comme l'hypocrisie est à la vertu.

Le meilleur compagnon pour passer le temps est un bon livre

9. — Chacune de ces trois sortes principales admet plusieurs divisions, qui forment huit espèces particulières de mots.

Les DÉNOMINATIFS comprennent le *nom* et le *pronom*.

Les MODIFICATIFS comprennent l'*adjectif*, le *verbe*, le *participe*, et l'*adverbe*.

Les CONJONCTIFS comprennent la *préposition* et la *conjonction*.

On a encore reconnu une neuvième espèce de mots, l'*interjection* ; elle doit être considérée comme mot explétif, parce qu'elle ne peut ajouter aucune idée à la phrase, et qu'elle n'a pas de valeur essentielle dans le discours.

10. Les mots qui ne s'écrivent pas toujours de la même manière, sont appelés mots *variables* ; Ex. : *Ce cheval périra. Ces chevaux périront.*

11. — On nomme, au contraire, mots *invariables*, ceux qui s'écrivent toujours de la même manière ; Ex. : *Il parle* SOUVENT AVEC *légèreté*, MAIS TOUJOURS SANS *malice*.

12. — Les mots variables sont le nom, le pronom, l'adjectif, le verbe et le participe.

13. — Les mots invariables sont l'adverbe, la préposition, la conjonction et l'interjection.

14. — Dans les mots variables, on distingue deux

L'omission de tout péché est meilleure que l'exécution de la pénitence.

Aimez votre prochain comme vous-même.

La justice et la bonté sont plus agréables à Dieu que les offrandes.

On guérit de coups de poignard, on ne guérit pas de coups de langue.

La punition est boiteuse, mais elle arrive.

Un vieil ami est toujours une chose nouvelle.

Une belle mort honore toute une vie.

PROCÉDÉ. — Indiquer dans l'exercice précédent : 1.º *Les propositions et les phrases* ; — 2.º *Les dénominatifs, les modificatifs et les conjonctifs* ; — 3.º *Les mots variables et les mots invariables* ; — 4.º *Les mots primitifs, en disant leurs dérivés ; et les mots dérivés, en disant leurs primitifs.*

parties : celle qui termine le mot et qui est susceptible de varier, se nomme *finale* ou *terminaison;* la partie qui précède la terminaison, est appelée *radical*.

15. — Les mots qui servent à en former d'autres, et qui eux-mêmes sont assez simples pour ne pouvoir être décomposés, sont nommés *primitifs;* Ex. : *La* MORT *de l'homme. Le* BORD *du ruisseau.*

On appelle *dérivés*, les mots qui sont formés des primitifs; Ex. : *L'âme est* IMMORTELLE. ABORDER *au rivage.*

DEUXIÈME LEÇON.

DES LETTRES. **16.** — Les mots sont formés de *lettres* et de certains signes nommés *orthographiques;* Ex. : *L-e m-a-î-t-r-e s-é-v-è-r-e. L'-é-g-o-ï-s-m-e d-e l'-a-v-a-r-i-c-e.*

17. — L'alphabet français compte vingt-cinq lettres, que l'on divise en *voyelles* et en *consonnes*.

DES VOYELLES. **18.** — Il y a six voyelles simples, *a, e, i, o, u, y*. Ces lettres sont nommées *voyelles*, parce qu'elles forment un son pur et simple, et qu'on peut les prononcer sans être jointes à d'autres lettres; Ex. : *Ami, Epée, Image, Odeur, Unité, Ypreau.*

19. — On appelle voyelles *composées*, certains assemblages de lettres qui forment un son pur et

---

DEUXIÈME LEÇON.

QUESTIONNAIRE.—16.º *De quoi les mots sont-ils formés?*— 17.º *Combien y a-t-il de lettres? —* 18º *Quel est le nombre des voyelles et pourquoi sont-elles ainsi nommées? —* 19.º *Qu'est-ce que les voyelles composées? —* 20.º *Qu'appelle-t-on voyelles nasales? —* 21.º *Quand les voyelles sont-elles brèves? Quand sont-elles longues? —* 22.º *Comment se prononce la voyelle e, et combien distingue-t-on de sortes d'e? —* 23.º *Comment se prononce la voyelle y? —* 24.º *Quel est le nombre des consonnes, et pourquoi ces lettres sont-elles ainsi nommées? —* 25.º *Quand la consonne h est-elle muette? Quand est-elle aspirée?*

EXERCICE.— Ne faites pas à autrui ce que vous ne voudriez pas que l'on vous fît à vous-mêmes.

L'abus des livres tue la santé et la modestie des femmes.

simple, comme *au*, *eu*, *ai*, *ei*, *an*, *em*, *in*, *aim*, *on*, *un*, etc.; Ex. : *Landau*, *feu*, *mai*, *reine*, *volcan*, *emplir*, *devin*, *faim*, *bon*, *parfum*.

20. — Les voyelles composées qui prennent *n*, ou *m*, sont nommées voyelles *nasales*, parce qu'on les prononce du nez; Ex. : *Volcan*, *devin*, *parfum*.

21. — Les voyelles sont dites *brèves*, lorsqu'on les prononce rapidement; et *longues*, lorsqu'on les prononce lentement; Ex. : *La natte*, *le pâtre*; — *La dette*, *la fête*; — *La lutte*, *la flûte*.

22. — La voyelle *e* se prononce de quatre manières; d'où l'on distingue quatre sortes d'*e* :

1.° *E fermé*, qui se prononce en faisant rapprocher les lèvres; Ex. : *Sévérité*, *nez*, *boucher*;

2.° *E ouvert*, qui se prononce en faisant écarter les lèvres; Ex. : *Mère*, *travers*, *procès*;

3.° *E muet*, qui se prononce d'une manière peu sensible; Ex. : *Demande*, *menace*; ou dont la prononciation est nulle; Ex. : *Joie*, *mangeons*;

4.° *E équivalent*, qui a le plus souvent le son d'un *a*; Ex. : *Femme*, *enfant*, *emploi*.

23. — *Y* se prononce comme deux *i* ou comme un seul *i* :

1.° Comme deux *i*, dans le corps d'un mot après une voyelle; Ex. : *Rayon*, *joyeux*, *paysan*;

2.° Comme un seul *i*, au commencement ou à la fin d'un mot, ou bien dans le corps d'un mot, après une consonne; Ex. : *Yeux*, *jury*, *martyr*.

L'accomplissement de nos plus grands désirs est souvent la source de nos plus grandes peines.

On tâche de concilier la religion avec ses penchants : on devrait au contraire accorder ses penchants avec la religion.

Si tu veux un remède pour l'ivrognerie, ouvre les yeux et regarde l'ivrogne.

Les passions font plus de martyrs que toutes les religions ensemble.

Le désir de paraître habile empêche souvent de le devenir.

On pardonne à la haine et jamais au mépris.

Cependant *y*, dans certains mots, après une voyelle, se prononce comme *i*; Ex.: *Bayard*, *payen*, *Mayence*.

Des Consonnes. **24.** — Il y a dix-neuf consonnes, qui sont: *b*, *c*, *d*, *f*, *g*, *h*, *j*, *k*, *l*, *m*, *n*, *p*, *q*, *r*, *s*, *t*, *v*, *x*, *z*. Ces lettres sont ainsi nommées, parce qu'elles ne peuvent se prononcer sans être jointes à des voyelles.

25. — La consonne *h*, au commencement des mots, est *muette* ou *aspirée*.

1.° Elle est *muette*, lorsqu'elle n'a aucune valeur dans la prononciation, c'est-à-dire, que le mot commençant par cette lettre se lie au mot précédent, comme s'il commençait par une voyelle; Ex.: *L'homme heureux*, *les hommes heureux*, prononcez: *Les z-hommes z-heureux*.

2.° Elle est *aspirée*, lorsqu'elle fait appuyer sur la voyelle dont elle est suivie, et qu'elle empêche comme toute consonne initiale, la liaison du mot qu'elle commence avec le mot précédent; Ex.: *Le hanneton hideux*, *les hannetons hideux*, prononcez séparément: *Les - hannetons - hideux*, et non, *Les z - hannetons z - hideux*.

La crainte hait ceux qu'elle est obligée de louer.
Dis-moi qui tu hantes, je te dirai qui tu es.
On appelle nature ce qui n'est souvent qu'habitude.
Le mérite est toujours harcelé par les envieux.
On est bien hardi quand on demande pour un ami.
La vanité nous rend hargneux.
Même sous le harnais, le soldat doit avant tout rester citoyen.
Les fainéants savent toujours l'heure qu'il est.
Un véritable honnête homme fait plus de cas de l'honneur que de la vie.
Procédé. — **Indiquer:** *1.° Les voyelles simples; — 2.° Les voyelles composées; — 3.° Les voyelles nasales; — 4.° Les voyelles brèves et les voyelles longues; — 5.° Les e de différentes sortes; — 6.° La valeur des* y; — *7.° Les consonnes; — 8.° Les mots commençant par* h *muette, et les mots commençant par* h *aspirée.*

TROISIÈME LEÇON

DE LA SYLLABE. **26.** — En prononçant un mot, on fait entendre une ou plusieurs émissions de voix. On appelle *syllabe*, chaque émission de voix que l'on produit en prononçant un mot ; Ex. : *É-cou-tez a-vec soin la voix d'un a-mi sa-ge et ex-pé-ri-men-té.*

27. — Une syllabe renferme une ou plusieurs lettres, mais toujours, au moins, une voyelle.

DE LA DIPHTHONGUE. **28.** — On appelle *diphthongue*, deux voyelles qui se trouvent dans la même syllabe, et qui font entendre deux sons distincts ; Ex. : *Hui-le*, *dia-ble*, *oi-sif*, *soin*.

29. — Un mot formé d'une seule syllabe se nomme *monosyllabe* ; Ex. : *Roi*, *mais*, *lui*, *soin*, *bord*, *rang*.

30. — On appelle *polysyllabe*, un mot formé de plusieurs syllabes ; Ex. : *De-voir*, *pré-sen-ce*, *é-loi-gne-ment.*

DES SIGNES ORTHOGRAPHIQUES. **31.** — Les signes *orthographiques*, s'emploient pour écrire certains

---

TROISIÈME LEÇON

QUESTIONNAIRE. — 26.° *Qu'est-ce qu'une syllabe ?* — 27.° *Que renferme une syllabe ?* — 28.° *Que nomme-t-on diphthongue ?* — 29.° *Comment s'appelle un mot formé d'une seule syllabe ?* — 30.° *Et un mot formé de plusieurs syllabes ?* — 31.° *A quoi servent les signes orthographiques ?* — 32.° *Combien compte-t-on de ces signes ?* — 33.° *Combien y a-t-il d'accents, et quel est l'usage de chacun ?* — 34.° *A quoi sert l'apostrophe ?* — 35.° *Quel est l'usage de la cédille ?* — 36.° *Où se met le tréma ?* — 37.° *Quel est l'usage du trait d'union ?* — 38.° *Qu'est-ce que l'orthographe ?* — 39.° *En quoi consiste l'orthographe des mots, et qu'y a-t-il de plus dans l'orthographe des phrases ?* — 40.° *Quels sont les signes de ponctuation ?* — 41.° *Quand un mot doit-il commencer par une majuscule ?*

EXERCICE. — Les pensées morales sont des clous d'airain qui s'enfoncent dans l'âme et qu'on n'en peut arracher.

Les plus grands maux viennent souvent de l'abus des plus grands biens : la religion et la liberté.

L'abandon dans la vieillesse est le sort de l'égoïste.

Si un chapeau te blesse, ne l'enfonce pas dans la tête de ton voisin.

mots, et servent à en indiquer la prononciation ou le sens ; Ex. : *Un bon cœur ne conçoit pas l'égoïsme ni l'ingratitude. La lâcheté sert de contre-poids à l'insolence.*

32. — On compte cinq sortes de signes orthographiques: les *accents*, l'*apostrophe*, la *cédille*, le *tréma* et le *trait d'union.*

33 — Il y a trois *accents* :

1.° L'accent *aigu* (´), qui se met sur les *é* fermés, terminant une syllabe ; Ex. : *Sévérité, décidément ;*

2.° L'accent *grave* (`), qui se met sur les *è* ouverts terminant une syllabe, et généralement aussi sur ceux qui sont suivis d'une *s* finale ; Ex. : *Père, succès ;*

3.° L'accent circonflexe (^), qui se met sur la plupart des voyelles longues ; Ex. : *Pâtre, fête, gîte, apôtre, flûte.*

L'accent grave et l'accent circonflexe servent encore à indiquer le sens de certains mots ; Ex.:

On met à l'abri des coups du sort le bien que l'on donne à ses amis.

C'est le labeur qui fait connaître la véritable valeur de l'homme, comme le feu développe les parfums de l'encens.

Dans le bonheur, rappelle-toi tes parents ; dans le péril, confie-toi à un vieil ami.

Le portrait d'un père n'est qu'un tableau pour les étrangers ; mais, pour un fils, c'est un livre qui lui enseigne tous ses devoirs.

Gouverne ta maison, et tu sauras combien coûtent le bois et le pain ; élève tes enfants, tu sauras combien tu dois à ton père et à ta mère.

Jouis des bienfaits de la Providence, voilà la sagesse ; fais-en jouir les autres, voilà la vertu.

Heureux qui peut rendre à son père et à sa mère tous les soins qu'il en a reçus dans son enfance ! Un grand âge est quelquefois une seconde enfance ; pourquoi la piété filiale n'irait-elle pas aussi loin que l'amour paternel et maternel ?

Ne dites point à votre ami : « Allez et revenez demain, je vous rendrai service », lorsque vous pouvez le faire sur-le-champ.

Veux-tu bien te venger de ton ennemi ? gouverne-toi bien.

Le pis d'un procès, c'est que d'un seul il en naît mille.

Rendez à chacun ce qui lui est dû. Il a du talent. — *Mettez là les fruits mûrs. La maison a des murs solides.*

34. — L'*apostrophe* (') se met à la place d'une voyelle finale que l'on a retranchée devant un mot commençant par une voyelle ou une *h* muette ; Ex. : *L'avenir*, pour Le avenir ; *L'honneur*, pour Le honneur ; *L'histoire*, pour La histoire ; *Il m'aime*, pour Il me aime ; *S'il vient*, pour Si il vient.

35. — La *cédille* (ç) se place sous le *ç* pour en adoucir la prononciation devant *a*, *o*, *u* ; Ex. : *Façade, leçon, reçu.* Sans la cédille, le *c* aurait la valeur de *qu*, et se prononcerait comme dans Camarade, convive, curieux.

36. — Le *tréma* (¨) se met sur les voyelles *ë*, *ï*, *ü*, pour les faire prononcer séparément de la voyelle précédente ; Ex. : *Ciguë, haïr, Saül* ; sans le tréma, ces mots se prononceraient comme Figue, air, Paul.

37. — Le *trait d'union* (-) se place entre deux

Combien la pudeur est belle ! elle vaut beaucoup et ne coûte rien.

Les intrigants, les factieux se haïssent, même en s'entr'aidant.

Malheur à la nation où les jeunes gens ont déjà les vices des vieillards, et où ceux-ci retiennent encore tous les travers de la jeunesse !

Il ne faut jamais lire de livres mal écrits : l'habitude façonne l'oreille et la réconcilie avec les phrases les plus vicieuses.

L'égoïsme entoure le cœur de l'homme d'une dure écorce qui lui ôte la sensibilité native.

Je préfère l'ignorance à la demi-science ou à la fausse science.

Procédé. — **Indiquer :** *1.° Les syllabes de chaque mot ; — 2.° Les diphthongues ; — 3.° Les monosyllabes ; — 4.° Les polysyllabes ; — 5.° Les différentes sortes d'accents et ce à quoi ils servent ; — 6.° Les apostrophes et de quelles lettres elles marquent la suppression ; — 7.° Les cédilles et comment se prononcerait le c s'il n'était accompagné de ce signe ; — 8.° Le tréma, et ce qui arriverait si l'on supprimait ce signe ; — 9.° Les traits d'union et l'usage particulier de chacun ; — 10.° Les signes de ponctuation, en disant le nom de chacun.*

1.*

mots qui n'en font qu'un par le sens ; Ex. : *Avant-gout*, *porte-clefs* ; ou dont le second a sa place naturelle devant le premier ; Ex. : *Viendrez-vous ? Rendez-le*, mis pour Est-ce que *vous* viendrez ; Il faut *le* rendre.

DE L'ORTHOGRAPHE. **38.** — On appelle *orthographe*, la manière d'écrire correctement les mots et les phrases.

39. — L'orthographe des mots consiste dans l'emploi des lettres et des signes orthographiques dont les mots sont formés. L'orthographe des phrases consiste de plus dans l'emploi des signes de ponctuation.

DES SIGNES DE PONCTUATION. **40.** — Les signes de *ponctuation*, dont on fera connaître plus tard l'usage, sont au nombre de dix : le *point* (.), — le *point-virgule* (;), les *deux-points* (:), — la *virgule* (,) — le *point d'exclamation* (!), — le *point d'interrogation* (?), les *points de suspension* (.....), le *tiret* (—) — les *guillemets* (« »), — la *parenthèse* ().

DE LA MAJUSCULE. **41.** — La première lettre d'un mot doit être une *majuscule* ou grande lettre, au commencement d'un vers, d'une phrase, d'une citation, et d'un nom propre ou d'un nom employé comme tel ; Ex. : *On appela Louis XII, le père du peuple. La Seine traverse Paris. Le commencement de la sagesse est la crainte du Seigneur.*

CHAPITRE PREMIER. — DU NOM.

QUATRIÈME LEÇON.

DÉFINITION DU NOM. — Le *Nom* est un mot qui sert à désigner un objet en exprimant sa nature ou

QUATRIÈME LEÇON.

QUESTIONNAIRE. — 42.º *Qu'est-ce que le nom ? — Comment reconnaît-on qu'un mot est nom ? — 43.º Combien distingue-t-on de sortes principales de noms ? — 44.º Qu'est-ce que le nom commun ? — 45.º Qu'est-ce que le nom propre ? —*

sa qualité ; Ex. : NAPOLÉON *remporta beaucoup de* VICTOIRES, *Le* ROI *était accompagné des* PRINCES *et des* OFFICIERS *de sa* COUR. Les mots *Napoléon, victoires, cour*, désignent des objets en exprimant leur nature ; *Roi, princes, officiers*, désignent des personnes en exprimant leurs qualités.

On reconnaît qu'un mot est un nom lorsqu'il peut être précédé de *le, la, les, un, une, des* ; il n'y a que les noms propres d'hommes et de villes qui ne puissent être précédés de ces mots.

DIVISIONS DES NOMS. 43. — On distingue deux sortes principales de noms : le nom *commun* et le nom *propre*.

44. — Le nom *commun* est celui qui convient à tous les objets de la même espèce ou de la même classe ; il sert à distinguer un objet de ceux d'une espèce ou d'une classe différente ; Ex. : *L'*HOMME *est mortel. Le* MAGISTRAT *doit être intègre. La* LEÇON *n'est pas difficile.*

45. — Le nom *propre* est celui qui ne peut convenir qu'à un individu particulier. Il sert à distinguer un objet de ceux de la même espèce ; Ex. : AMIENS, *capitale de la* PICARDIE, *est arrosé par la* SOMME ; *c'est la patrie de* PIERRE L'HERMITE, *du poète* GRESSET *et de l'astronome* DELAMBRE.

46. — Un nom est employé comme modificatif lorsqu'il est joint à un autre nom pour qualifier une

---

46.° Quand un nom est-il employé comme modificatif ? — 47.° Quand un nom commun est-il pris dans toute l'étendue de sa signification ? — 48.° Quand est-il pris dans un sens restreint ? — 49.° Quand a-t-il un sens déterminé ? Quel est le sens d'un nom propre ? — 50.° Quand un nom commun a-t-il un sens indéterminé ? — 51.° Quelle propriété ont les noms d'êtres animés ? — 52.° Combien y a-t-il de genres ? — 53.° Quels noms sont du genre masculin ? — 54.° Lesquels sont du genre féminin ? — 55.° Comment a-t-on donné la propriété de genre aux noms d'êtres inanimés, et comment distingue-t-on, dans ces noms, le genre masculin et le genre féminin ?

EXERCICE. — L'oisiveté ressemble à la rouille : elle use beaucoup plus que le travail.

personne ou une chose ; on dit alors qu'il est pris adjectivement ; Ex. : *La joie est souvent* MÈRE *de nombreuses folies. La résignation, la patience et la sobriété sont d'habiles* MÉDECINS.

ÉTENDUE DE LA SIGNIFICATION DU NOM. **47.** — On dit qu'un nom commun est pris dans *toute l'étendue de sa signification,* lorsqu'il désigne la totalité des objets auxquels il convient ; Ex. : *La* VERTU *doit être pour l'*HOMME *plus précieuse que les* RICHESSES.

48. — Un nom commun est pris dans un *sens restreint,* lorsqu'il ne désigne qu'une partie des objets auxquels il convient ; Ex. : *Les* COLPORTEURS *de mauvaises* NOUVELLES *sont des* PERTURBATEURS *du* RE-POS *public.*

DU SENS DÉTERMINÉ. **49.** — Un nom commun a un *sens déterminé,* 1.° lorsqu'il est pris dans toute l'étendue de sa signification, parce que, désignant alors une espèce entière d'objets, cette espèce est distinguée de toute espèce différente ; Ex. : *L'*AME *est immortelle ;* — 2.° lorsque, désignant des individus, ces individus sont distingués de ceux de la même espèce ; Ex. : *Les* TRAVAUX *de votre* PÈRE *sont remarquables.* — Un nom propre distinguant néces-sairement un individu de ceux de la même espèce,

---

On rit de l'homme dans La Bruyère ; on le méprise dans Pascal ; dans La Rochefoucauld, on le fuit ; dans Molière, on le juge.

Le plus grand mal que puisse nous faire un ennemi, c'est d'accoutumer notre cœur à la haine.

Les traits de la médisance et de la calomnie, acérés par les deux bouts, blessent aussi celui qui les enfonce.

La gloire s'achète au prix du bonheur ; le plaisir, au prix de la santé ; la faveur, au prix de l'indépendance.

Une horloge d'acier s'use en moins de cinquante ans : comment l'homme ne s'userait-il pas ?

La voix de la renommée console moins un mourant que le souvenir d'une bonne action.

Socrate disait adieu tous les soirs à ses amis, ne sachant pas si la mort le lui permettrait le lendemain.

Les hommes corrompus n'admettent un Dieu qu'autant qu'il ne se mêle de rien.

a toujours un sens déterminé ; Ex. : Paris *est plus grand que* Madrid.

Du sens indéterminé. **50.** — Un nom commun a un *sens indéterminé*, lorsqu'il désigne des individus qui ne sont point distingués de ceux de leur espèce ; Ex. : *J'ai acheté une* maison. *Il a besoin de* meubles. *Nous avons peu d'*amis.

Du genre. **51.** — Les noms d'êtres animés ont la propriété d'indiquer la distinction des sexes ; cette propriété se nomme *genre.*

52. — Il y a deux genres : le *masculin* et le *féminin.*

53. — Les noms qui désignent des hommes ou des animaux mâles, sont du genre *masculin* ; Ex. : *Le* père *de mon* ami *viendra. Le* loup *a enlevé un* mouton.

54. — Les noms qui désignent des femmes ou des animaux femelles, sont du genre *féminin* ; Ex. : *La* mère *de votre* cousine *est venue. La* louve *a enlevé une* brebis.

55. — On a donné arbitrairement la propriété du genre aux noms d'êtres inanimés. Ils sont du genre

---

Pendant le cours de mon administration , disait Périclès , je n'ai fait entrer le deuil dans aucune famille d'Athènes.

Newton ne prononçait jamais le nom de Dieu sans ôter son chapeau.

Le grand monde est un bal masqué.

Un état sans religion est un navire sans gouvernail.

Le législateur doit être l'écho de la raison ; et le magistrat , l'écho de la loi.

Un prince est le premier magistrat et le premier serviteur de l'état.

Le suicide est toujours le crime d'un lâche.

Solon avait raison de dire : on ne peut juger du mérite d'un homme que lorsqu'il est mort.

Procédé.— Indiquer : *1.º Les noms ;— 2.º Les noms communs et les noms propres ; — 3.º Les noms employés comme modificatifs ; — 4.º Les noms employés dans toute l'étendue de leur signification , et ceux d'une signification restreinte ; — 5.º Les noms d'un sens déterminé ; — 6.º Les noms du genre masculin et ceux du genre féminin.*

masculin lorsqu'on peut les faire précéder des mots *le*, *un* ; Ex. : *Prenez le bon* CHEMIN. *Il a un* JARDIN. — Ils sont du genre féminin lorsqu'on peut les faire précéder de *la*, *une* ; Ex. : *Prenez la bonne* ROUTE. *Il a une* MAISON.

CINQUIÈME LEÇON.

DU NOMBRE. **56.** — Les noms ont encore la propriété de désigner un ou plusieurs objets ; cette propriété est appelée *nombre*.

57. — Il y a deux nombres : le *singulier* et le *pluriel*.

58. — Un nom est au *singulier* lorsqu'il désigne un seul objet ; Ex. : *Le* MAÎTRE *a récompensé un* ÉLÈVE *qui a bien su sa* LEÇON.

59. — Un nom est au *pluriel* lorsqu'il désigne plusieurs objets ; Ex. : *Les* MAÎTRES *ont récompensé les* ÉLÈVES *qui ont bien su leurs* LEÇONS.

60. — La distinction des nombres se marque dans les noms par la différence de la terminaison ; Ex. : *Le* VOYAGEUR *a acheté un* CHEVAL. *Les* VOYAGEURS *ont acheté des* CHEVAUX.

CINQUIÈME LEÇON.

QUESTIONNAIRE. — 56.° *Quelle autre propriété ont encore les noms ?* — 57.° *Combien y a-t-il de nombres?* — 58.° *Quand un nom est-il au singulier ?* — 59.° *Quand est-il au pluriel?* — 60.° *Par quoi se marque la distinction des nombres ?* — 61.° *Comment se forme le pluriel dans la plupart des noms?* — 62.° *Quels sont les noms qui s'écrivent de même au pluriel qu'au singulier ?* — 63.° *Comment écrit-on, au pluriel, les noms terminés par au et par eu ?* — 64.° *Comment les noms en ou forment-ils leur pluriel ?* — 65.° *Quel changement fait-on dans les noms en al, pour former le pluriel ? Quels sont les noms en al qui suivent la règle générale pour la formation de leur pluriel ?* — 66.° *Comment les noms en ail forment-ils leur pluriel ? — Y en a-t-il qui suivent la règle générale ? — Quel est le pluriel du nom ail et du nom travail ?* — 67.° *Quel est le pluriel du nom ciel et du nom œil ?* — 68.° *Quelle remarque fait-on sur le mot aïeux et sur le mot aïeul ?* — 69.° *Les noms terminés par ant ou ent, ont-ils quelque chose de particulier au pluriel?* — 70.° *Tous les noms s'emploient-ils aux deux nombres ?*

FORMATION DU PLURIEL. **61.** — *Règle générale.*
— Le pluriel se forme dans la plupart des noms, par l'addition d'une *s* à leur terminaison ; Ex. : *J'ai envoyé une* LETTRE *à mon* AMI. *J'ai envoyé des* LETTRES *à mes* AMIS.

62. — *Première Exception.* — Les noms terminés au singulier par *s*, *x*, *z*, ne changent pas au pluriel ; Ex. : *Écoutez cet* AVIS, *ces* AVIS. *Il a tracé une* CROIX, *des* CROIX. *Je n'aime pas un* NEZ *long, des* NEZ *longs.*

63. — *Deuxième Exception.* — Les noms terminés au singulier par *au*, *eu*, prennent un *x* final au pluriel ; Ex. : *Voici votre* CHAPEAU, *vos* CHAPEAUX. *Il a un* NEVEU, *des* NEVEUX.

Le nom *landau*, sorte de voiture, fait au pluriel, *des landaus.*

64. — Quelques noms en *ou* forment leur pluriel par *x* ; ce sont *caillou, bijou, chou, hibou, pou, genou, joujou* ; on dit : *des cailloux, des bijoux,* etc. ; les autres noms en *ou* suivent la règle générale ; on écrit : *des verrous, des clous.*

65. — *Troisième Exception.* — Les noms en *al* changent, au pluriel, cette terminaison en *aux* ;

EXERCICE. — La crainte de Dieu est le commencement de la sagesse.

Sous le régime militaire, le peuple est un troupeau dont les bergers et les chiens sont aussi nombreux que les moutons.

La possession est le tombeau du désir.

Le paresseux voudrait bien manger l'amande ; mais il craint jusqu'à la peine de casser le noyau.

Il n'y a point de repos pour l'envieux.

Allume ton flambeau avant que les ténèbres arrivent.

Ouvrons les yeux de peur qu'on ne nous les ouvre.

Plus on fait de frais pour le bonheur et le plaisir, moins on en jouit.

La plupart de ceux qui s'aventurent sur le torrent des révolutions y sont engloutis.

L'ignorant assure ; l'homme instruit doute ; le sage réfléchit et suspend son jugement.

Tous les hommes ont leur part des misères humaines ; la religion seule en allège le poids.

La pensée est libre sous les verrous comme dans les champs.

Ex. : *Creuser un* CANAL, *des* CANAUX. *Visiter un* HO-PITAL, *des* HOPITAUX.

On écrit cependant avec *s* au pluriel, *des bals, dés cals, des carnavals, des cérémonials, des chacals, des nopals, des régals.*

66. — Quelques noms en *ail* forment leur pluriel en changeant cette terminaison en *aux* ; ce sont, *bail, corail, émail, soupirail, travail, vitrail,* qui font *baux, coraux,* etc.

Les autres noms en *ail* prennent une *s* au pluriel : *des attirails, des détails, des camails, des éventails, des gouvernails, des portails,* etc.

On dit aussi *des travails* pour désigner un compte, un rapport d'un subalterne à son supérieur, ou des machines auxquelles on attache les chevaux vicieux pour les ferrer.

Ail fait au pluriel, *des aulx* et des *ails*.

67. — *Quatrième Exception.* — *Ciel* fait au pluriel, *cieux,* pour désigner la voûte céleste ou le séjour des bienheureux ; Ex. : *Notre Père, qui êtes aux* CIEUX. — Il fait *ciels* dans toute autre acception ;

La voix d'une bonne conscience est plus agréable aux honnêtes gens que les cent voix de la renommée.

Les travaux du corps et ceux de l'esprit se soulagent mutuellement.

On voit les maux d'autrui d'un autre œil que les siens.

Qui sert bien son pays n'a pas besoin d'aïeux.

Nul de nous n'a de bail avec la mort.

Ne lire qu'un journal, c'est ne voir le monde que par un trou.

La flatterie n'est un régal que pour les sots.

Lycurgue mit la loi sur le trône et le magistrat à ses genoux.

L'homme poursuit le plaisir, comme l'enfant un oiseau : il est toujours hors de son atteinte, jamais hors de sa vue.

Une belle femme plaît aux yeux, une bonne femme plaît au cœur : l'une n'est qu'un bijou, l'autre est un trésor.

La poule sauvage ne se désaltère jamais par une goutte d'eau, qu'elle n'élève ses regards vers le ciel.

PROCÉDÉ. — **Indiquer :** *1.º Les noms du singulier, en disant comment ils s'écrivent au pluriel ; — 2.º Les noms du pluriel, en disant comment ils s'écrivent au singulier ; — 3.º*

Ex. : *Il peint bien les* CIELS. *Les* CIELS *de lit ne sont plus de mode.*

OEil fait au pluriel *yeux*, excepté dans *œils-de-bœuf*, sorte de fenêtre ; dans *œils-de-perdrix*, genre de broderie, et dans quelques autres mots peu fréquemment employés.

68. — *Aïeux*, signifiant, les ancêtres, ou ceux qui ont vécu dans les siècles passés, n'a pas de singulier. Le nom *aïeul*, qui signifie, grand-père, a pour pluriel, *aïeuls* ; Ex. : *Ses deux* AÏEULS *assistaient à son mariage.*

69. — Les noms terminés par *ant*, ou *ent* perdent ou conservent le *t* au pluriel s'ils sont polysyllabes ; Ex. : *A-t-il des* ENFANS, ou *des* ENFANTS ? — Si, au contraire, ces noms sont monosyllabes, ils conservent le *t* au pluriel ; Ex. : *Il a mal aux* DENTS. — Il paraît cependant préférable de conserver le *t* au pluriel de tous les noms terminés par *ant* ou *ent*.

70. — Il y a des noms qui ne s'emploient qu'au singulier, tels sont : *la faim, la soif, la vieillesse, la modestie*, etc. La plupart des noms propres sont de ce nombre. — D'autres noms ne s'emploient qu'au pluriel ; tels sont : *les ténèbres, les funérailles, les ancêtres, les mouchettes*, etc.

Les noms qui n'ont pas de pluriel, et ceux qui n'ont pas de singulier ; — 4.° Mettre au pluriel les noms suivants :

Un ami, *des*...	Un jardin, *des*...	Le délai, *les*...	La plainte, *les*...
Un palais, *des*...	Un compas, *des*...	Le procès, *les*...	La souris, *les*...
Un choix, *des*...	Un prix, *des*...	Le houx, *les*...	La perdrix, *les*...
Un gaz, *des*...	Un nez, *des*...	Le riz, *les*...	Le dez, *les*...
Un caveau, *des*...	Un étau, *des*...	Le joyau, *les*...	La peau, *les*...
Un adieu, *des*...	Un aveu, *des*...	Le lieu, *les*...	L'essieu, *les*...
Un caillou, *des*...	Un joujou, *des*...	Le bijou, *les*...	Le genou, *les*...
Un sou, *des*...	Un trou, *des*...	Le filou, *les*...	Le clou, *les*...
Un cardinal, *des*...	Un signal, *des*...	Le bocal, *les*...	Le rival, *les*...
Un émail, *des*...	Un soupirail, *des*...	Le métal, *les*...	Le total, *les*...
Un enfant, *des*...	Un régent, *des*...	Le mourant, *les*...	Le talent, *les*...
Un gant, *des*...	Un vent, *des*...	Le chant, *les*...	La dent, *les*... (1)

(1) On fera bien de multiplier les exercices pratiques semblables à ceux qui précèdent.

CHAPITRE DEUXIÈME. — DU PRONOM.

SIXIÈME LEÇON.

DÉFINITION DU PRONOM. 71. — Le *Pronom* est un mot qui sert à désigner un objet sans exprimer sa nature ni sa qualité ; Ex. : IL *tombe*. *Prenez* CELA.

72. — Le pronom désigne un objet, ou d'une manière vague, générale, ou en rappelant l'idée d'un nom ; Ex. : CELA *n'appartient* à PERSONNE. *Mon frère a mérité une récompense*, ELLE LUI *sera accordée*.

73. — Le pronom est ainsi nommé, parce qu'il s'emploie au lieu du nom, pour désigner des personnes ou des choses.

DIVISIONS DES PRONOMS. 74. — On distingue deux sortes principales de pronoms : les pronoms *absolus*, et les pronoms *relatifs*.

75. — Les pronoms *absolus* sont ceux qui ne servent point à rappeler l'idée d'un nom ; Ex. : *Lais-sez* CELA. QUELQU'UN *a parlé*. ON *vient*.

76. — Les pronoms sont appelés *relatifs* lors-qu'ils rappellent l'idée d'un nom dont ils tiennent la place ; Ex. : *Ces élèves passent leur temps à jouer* ; ILS LE *perdent sans* EN *connaître le prix* ; le mot ILS tient la place du nom *élèves* ; *le* et *en* rappellent l'idée du nom *temps* ; c'est comme si l'on disait : *Ces élèves perdent leur temps sans connaître le prix du temps*.

SIXIÈME LEÇON

QUESTIONNAIRE. — 71.° *Qu'est-ce que le pronom ?* — 72.° *Comment le pronom désigne-t-il les objets ?* — 73.° *Pourquoi ces mots sont-ils ainsi nommés ?* — 74.° *Combien distingue-t-on de sortes principales de pronoms ?* — 75.° *Qu'est-ce que les pronoms absolus ?* — 76.° *Qu'est-ce que les pronoms rela-tifs ?* — 77.° *Combien distingue-t-on de sortes particulières de pronoms ?* — 78.° *Qu'est-ce que les pronoms personnels ?* — 79.° *Combien y a-t-il de personnes ?* — 80.° *Quels sont les pronoms de première personne ?* — 81.° *Que signifient les pronoms* me *et* nous *?* — 82.° *Quels sont les pronoms de se-conde personne ?* — 83.° *Que signifient* te *et* vous *?* — 84.° (1) *De quel genre sont les pronoms de 1.*re *et de 2.*e *personne ?* —

77. — On distingue encore six sortes particulières de pronoms, que l'on nomme, *personnels*, *indicatifs*, *possessifs*, *ordinaux*, *conjonctifs* et *indéfinis*.

PRONOMS PERSONNELS. **78.** — Les pronoms *personnels* sont ceux qui désignent les objets, en indiquant le rôle qu'ils jouent dans le discours.

79. — Il y a trois personnes, c'est-à-dire, trois rôles que les objets peuvent jouer dans le discours. Le premier rôle est celui de la personne qui parle, comme, JE *lirai*, NOUS *lirons*; — le second rôle est celui de la personne à qui l'on parle, comme, TU *liras*, VOUS *lirez*; — le troisième rôle est celui de la personne de qui l'on parle, comme, IL *lira*, ILS *liront*.

80. — Les pronoms de *première personne* sont, au singulier, *je*, *me*, *moi*, et au pluriel, *nous*.

81. — *Me* et *nous*, signifient *moi*, *nous*, ou *à moi*, *à nous*; Ex. : Il ME *blesse*, pour Il blesse MOI. Il ME *parle*, pour Il parle *à moi*.

Il NOUS *blesse*, pour Il blesse *nous*. Il NOUS *parle*, pour Il parle *à nous*.

82. — Les pronoms de *seconde personne* sont, au singulier, *tu*, *te*, *toi*, et au pluriel, *vous*. — *Vous* s'emploie aussi par politesse, au singulier, au lieu de *tu*, *te*, *toi*; Ex. : *Mon ami*, VOUS *resterez*.

83. — *Te* et *vous*, signifient *toi*, *vous*, ou *à toi*;

à *vous*; Ex. : *Il* TE *voit*, pour Il voit *toi*. *Il* TE *nuit*, pour Il nuit *à toi*.

Il vous *voit*, pour Il voit vous. *Il* vous *nuit*, pour Il nuit *à vous*.

84. — Les pronoms de première et de seconde personne sont des deux genres; Ex. : MOI, *votre maître*, JE *connais mieux vos intérêts que* VOUS, *jeune homme sans expérience*. MOI, *votre mère*, JE *veillerai sur* VOUS, *ma fille*.

85. — Les pronoms de *troisième personne*, sont :

AU SINGULIER,

Masculin, —Féminin,

Il,   *elle*, Ex. : *Il* vient. *Elle* sort.

Le,   *la*,   Je *le* vois, Je *la* vois, pour Je vois *lui*, *elle*.

Lui,   *elle*,   C'est *lui*. C'est *elle*.

AU PLURIEL,

Masculin, —Féminin,

Ils,   *elles*, Ex. : *Ils* viennent. *Elles* sortent.

Les,   *les*,   Je *les* vois, pour Je vois *eux*, *elles*.

Eux,   *elles*,   Ce sont *eux*. Ce sont *elles*.

Des deux genres :

Lui, signifiant *à lui*, *à elle*; Ex. : *Je* LUI *parle*, pour Je parle *à lui*, *à elle*.

Leur, signifiant *à eux*, *à elles*; Ex. : *Je* LEUR *parle*, pour Je parle *à eux*, *à elles*.

Pardonne à tous et rien à toi.

Quel fardeau qu'une grande fortune quand on fait son unique affaire d'en jouir !

Le penchant qui nous porte à bien présumer d'autrui est la meilleure affiche de la probité.

Dieu dit à l'homme : Aide-toi, je t'aiderai.

L'homme nuit à la religion en s'y ajoutant.

Un ambitieux, ne voulant du bien qu'à lui seul, tâche de persuader qu'il en veut à tous, afin que tous lui en fassent.

PROCÉDÉ. — **Indiquer** : 1.º *Les pronoms* ; — 2.º *Les pronoms absolus et les pronoms relatifs.* — 3.º *Les pronoms personnels, en disant de quelle personne ils sont, et, s'il y a lieu, ce qu'ils signifient* ; — 4.º *Les pronoms personnels réfléchis* ; — 5.º *Le genre et le nombre des pronoms personnels.*

Des deux genres et des deux nombres :

En, signifiant *de lui*, *d'elle*, *d'eux*, *d'elles*, *de cela*; Ex.: *Je m'*EN *occupe*, pour Je m'occupe *de cela*.

Y, signifiant *à cela*, *à cette chose*, *à ces choses*; Ex.: *J'*Y *pense*, pour Je pense *à cela*.

Se, signifiant *lui*, *elle*, *eux*, *elles*, ou *à lui*, *à elle*, *à eux*, *à elles*; Ex.: *Il* SE *blesse*, pour Il blesse *lui*. *Elle* SE *blesse*, pour Elle blesse *elle*. *Ils* SE *nuisent*, pour Ils nuisent *à eux*.

Soi, seulement du singulier, signifiant *lui*, *elle*; Ex.: *L'aimant attire le fer à* SOI. *La vertu est aimable de* SOI.

86. — *Se*, *soi*, sont appelés pronoms *personnels réfléchis*, parce qu'ils marquent le rapport d'une personne à elle-même; ainsi, *Ma sœur se blesse*, signifie, Ma sœur agit sur elle-même en faisant l'action de blesser.

SEPTIÈME LEÇON.

PRONOMS INDICATIFS. 87. — Les pronoms *indicatifs* servent à désigner un objet présent, ou déterminé soit par ce qui précède, soit par ce qui suit; Ex.: *Regardez* CELA. *Si l'on avait à choisir entre une paix honteuse et la guerre, il faudrait préférer* CELLE-CI. *Dieu récompensera* CEUX *qui auront bien vécu.*
88. — Les pronoms indicatifs sont :

SEPTIÈME LEÇON.

QUESTIONNAIRE. — 87.º *Qu'est-ce que les pronoms indicatifs ? —* 88.º *Quels sont ces pronoms ? —* 89.º *Quand ce est-il pronom ? —* 90.º *Quel est l'emploi des pronoms indicatifs terminés par ci et par là ? —* 91.º *Qu'est-ce que les pronoms possessifs ? —* 92.º *Quels sont ces pronoms ? —* 93.º *Comment s'emploie le vôtre ? —* 94.º *Qu'est-ce que les pronoms ordinaux ? —* 95.º *De quoi sont-ils précédés ? —* 96.º *Que faut-il pour que ces mots soient pronoms ? —* 97.º *Qu'est-ce que les pronoms conjonctifs ? —* 98.º *Comment appelle-t-on le nom auquel se rapportent ces pronoms ? —* 99.º *Quels sont les pronoms conjonctifs ? — Comment peuvent-ils se tourner ? —* 100.º *Qu'est-ce que les pronoms indéfinis ? —* 101.º *Quels*

Au singulier,		Au pluriel,	
Masculin, — Féminin,		Masculin, — Féminin,	
Ce, ceci, cela.			
Celui,	Celle,	Ceux,	Celles.
Celui-ci,	Celle-ci,	Ceux-ci,	Celles-ci.
Celui-là,	Celle-là,	Ceux-là,	Celles-là.

89. — *Ce*, pronom, n'est jamais joint à un nom; autrement, il serait adjectif; Ex. : CE *que vous dites est vrai.* — CE *volume est bien relié.*

90. — On emploie *ceci*, *celui-ci*, *celle-ci*, *ceux-ci*, *celles-ci*, pour désigner les objets les plus proches, ou ceux dont on a parlé en dernier lieu; et *cela*, *celui-là*, *celle-là*, *ceux-là*, *celles-là*, pour désigner les objets les plus éloignés, ou ceux dont on a parlé en premier lieu : Ex. : *Prenez* CECI, *laissez* CELA. *Jules est l'aîné de Paul*; CELUI-CI *a deux ans de moins que* CELUI-LA.

PRONOMS POSSESSIFS. 91. — Les pronoms *possessifs* rappellent l'idée d'un nom, en y ajoutant une idée de possession ; Ex. : *Il a pris mon livre et a laissé* LE SIEN, c'est-à-dire, *et a laissé le livre qui lui appartient.*

92. — Les pronoms possessifs sont :

Au singulier,		Au pluriel,	
Masculin, — Féminin,		Masculin, — Féminin,	
Le mien,	la mienne,	les miens,	les miennes.
Le tien,	la tienne,	les tiens,	les tiennes.
Le sien,	la sienne,	les siens,	les siennes.
Le nôtre,	la nôtre,	les nôtres,	les nôtres.
Le vôtre,	la vôtre,	les vôtres,	les vôtres.
Le leur,	la leur,	les leurs,	les leurs.

sont ces pronoms ? — 102.º *Quelle est la règle d'accord des pronoms relatifs ? Comment s'accorde le pronom conjonctif qui ?*

EXERCICE. — Les seules larmes vraiment amères sont celles qui se versent dans la solitude.

La mort n'a rien d'affreux pour celui qui n'a rien à craindre.

Que craignez-vous des hommes si votre conscience est en paix ?

93. — On emploie, en parlant par politesse à une seule personne, *le vôtre, la vôtre, les vôtres*, au lieu de *le tien, la tienne, les tiennes*; Ex.: *Mon enfant, le devoir de vos parens est de vous guider, et* LE VÔTRE *est de leur obéir.*

PRONOMS ORDINAUX. 94. — Les pronoms *ordinaux* désignent les objets en marquant le rang qu'ils occupent dans une certaine quantité; Ex.: LE SECOND *de la classe est moins instruit que* LE PREMIER.

95. — Ces pronoms, toujours précédés de *le, la, les*, sont: *le premier, le second* ou *le deuxième, le troisième, le quatrième*, etc.

96. — Ces mots ne sont pronoms qu'autant qu'ils ne sont pas joints à un nom; autrement, ils seraient adjectifs, comme dans *J'ai lu* LE PREMIER *volume de cet ouvrage.*

PRONOMS CONJONTIFS. 97. — Les pronoms *conjonctifs* servent à rappeler l'idée d'un nom précédent, et à joindre deux propositions; Ex.: *Remplissez les devoirs* QUI *vous sont imposés. Suivez le conseil* QUE *je vous donne.*

98. — En général, le nom auquel se rapporte le pronom conjonctif, le précède immédiatement, et, pour cette raison, est appelé *antécédent*. Dans les exemples ci-dessus, *devoirs* est l'antécédent de *qui*, *conseil* est l'antécédent de *que*.

De deux amis, celui qui aime le mieux préfère mourir le dernier.

L'injustice d'autrui nous indigne; la nôtre nous paraît naturelle à nos yeux; elle est même justice.

Tous ceux qui s'acquittent des devoirs de la reconnaissance, ne sont pas reconnaissants pour cela.

Les plus grandes fortunes sont ce à quoi il faut le moins se fier.

Le premier de tous les vices, c'est l'hypocrisie.

La vanité est une idole à laquelle nous sacrifions tout et nous-mêmes.

Quiconque veut bien mourir doit bien vivre.

Écoute l'opinion des autres, mais ne renonce pas pour cela à la tienne.

Trop souvent on croit voir l'opinion publique dans la sienne.

99. — Les pronoms conjonctifs sont *qui*, *que*, *quoi*, *dont* (signifiant *de qui*), des deux genres et des deux nombres ; *lequel*, ayant pour féminin *laquelle*, et pour pluriel *lesquels*, *lesquelles*. Les pronoms conjonctifs *qui*, *que*, *quoi*, peuvent se tourner par *lequel*, *laquelle*, *lesquels*.

Pronoms indéfinis. **100.** — Les pronoms *indéfinis* désignent des objets d'une manière vague et générale ; Ex. : On *verra*. Personne *ne vient*. Quelqu'un *a parlé*.

101. — Ces pronoms sont *personne*, *autrui*, *rien*, *qui*, *que*, *quoi*, *quoique*, *chacun* (féminin, *chacune*), *on*, *quiconque*, *tout*, *tel*, *quelqu'un* (féminin, *quelqu'une*, pluriel, *quelques-uns*), *plusieurs*, etc. , — *Qui*, *que*, *quoi*, pronoms indéfinis, n'ont pas d'antécédent et signifient *quelle personne*, *quelle chose* ; Ex. : Qui *a parlé?* Que *faites-vous?*

Règle d'accord. **102.** — Les pronoms relatifs s'accordent en genre et en nombre avec le nom auquel ils ont rapport ; Ex. : *Mon père est bon, mais* il *est sévère. Mes sœurs étaient absentes et* elles *sont revenues.* Le pronom *il* est du masculin et du singulier, comme le nom *père* dont il tient la place ; *elles* est du féminin et du pluriel, comme le nom *sœurs* auquel il se rapporte. — Le pronom conjonctif *qui*

Tel paraît homme de mérite, qui est seulement une machine que font jouer d'habiles ouvriers.

Le pire des états est celui d'un homme qui n'a rien à faire.

Ne faites violence à personne pour l'amener à la foi.

Il y a quelqu'un dont l'esprit l'emporte sur celui des hommes les plus spirituels, ce quelqu'un est tout le monde.

Les préceptes de morale disséminés sont comme les bons grains : quelque part qu'ils tombent, il y en a toujours quelques-uns qui germent.

Dieu rendra à chacun selon ses œuvres.

Procédé. — **Indiquer** : 1.º *Tous les mots qui sont pronoms, en disant à quelle espèce particulière ils appartiennent ;* — 2.º *Le genre et le nombre de chaque pronom, et, s'ils sont relatifs, avec quel mot ils s'accordent.*

s'accorde de plus en personne avec son antécédent ;
Ex. : *C'est moi* QUI *ai lu. C'est nous* QUI *avons lu.*

(Pour plus de détails, voir les règles d'accord des pronoms,
des adjectifs et des verbes, dans le *Nouveau Cours de Grammaire*).

CHAPITRE TROISIÈME. — DE L'ADJECTIF.

HUITIÈME LEÇON.

DÉFINITION DE L'ADJECTIF. **103.** — L'*Adjectif* est
un mot qui se joint au dénominatif, ou pour déterminer l'étendue de sa signification, ou pour qualifier
l'objet nommé ; Ex. : LES *enfants doivent obéir à*
LEURS *parents.* — *Paul est* STUDIEUX. *Cela est* MAU-
VAIS.

L'adjectif *les* fait prendre le nom *enfants* dans
toute l'étendue de sa signification ; *leurs* fait prendre
le nom *parents* dans un sens restreint ; *studieux* exprime la qualité de *Paul*, et *mauvais*, la qualité de
cela.

DIVISIONS DES ADJECTIFS. **104.** — Les adjectifs
se divisent en deux sortes principales, en *déterminatifs* et en *qualificatifs.*

105. — Les adjectifs *déterminatifs* font prendre
le nom, ou dans un sens restreint ; Ex. : *Étudiez* VOTRE
leçon ; ou dans toute l'étendue de sa signification ;
Ex. : *Évitez* TOUT *excès.*

HUITIÈME LEÇON.

QUESTIONNAIRE. —*103.° Qu'est-ce que l'adjectif? —104.°
Quelles en sont les divisions principales ? —105.° Qu'est-ce
que les adjectifs déterminatifs ? — 106.° Qu'est-ce que les adjectifs qualificatifs ? — Quand un adjectif qualificatif est-il
employé comme nom ? — 107.° Combien distingue-t-on de
sortes d'adjectifs déterminatifs ? — 108.° Qu'est-ce que les adjectifs indicatifs ? — 109.° Quels sont ces adjectifs ? — 110.°
Quel est l'emploi de ce et de cet? — 111.° Qu'est-ce que les
adjectifs possessifs ? — 112.° Quels sont ces adjectifs ? —
113.° Comment s'emploient encore mon, ton, son ? — 114.°
Comment s'emploient votre, vos ? — 115.° Qu'est-ce que les
adjectifs numéraux ? — 116.° Comment les divise-t-on ? —*

106. — Les adjectifs *qualificatifs* expriment la qualité ou l'état de l'objet nommé ; Ex. : *Paul est* DOCILE. *Que Marie soit* HEUREUSE!

— Les adjectifs qualificatifs sont employés comme noms lorsqu'ils ne sont pas joints à un dénominatif, et qu'ils désignent des personnes ou des choses ; Ex. : *Dieu récompensera les* BONS *et punira les* MÉCHANTS. L'UTILE *est préférable à l'*AGRÉABLE.

107. — On distingue quatre sortes d'adjectifs déterminatifs : les adjectifs *indicatifs*, les adjectifs *possessifs*, les adjectifs *numéraux*, et les adjectifs *indéfinis*.

ADJECTIFS INDICATIFS. **108**. — Les adjectifs *indicatifs* servent à préciser l'objet nommé, soit en le montrant comme présent, soit en rappelant une idée déterminative énoncée par un autre mot ; Ex. : *Voyez* CE *tableau*, c'est-à-dire, le tableau que je vous montre. *Vous étiez à Paris ; pourquoi avez-vous quitté cette ville ?* c'est-à-dire, la ville de Paris.

109. — Les adjectifs indicatifs sont :

Ce, *cet*, pour le singulier masculin ;

Cette, pour le singulier féminin ;

Ces, pour le pluriel des deux genres.

110. — Au singulier masculin, on emploie *ce* devant une consonne ou une *h* aspirée ; et *cet*, de-

---

117.° *Qu'est-ce que les adjectifs numéraux cardinaux ?*—118.° *Quels sont ces adjectifs ?* — 119.° *Qu'est-ce que les adjectifs numéraux ordinaux ?* — 120.° *Quels sont-ils ?* — 121.° *Quelle est la formation de ces adjectifs ?* — 122.° *Qu'est-ce que les adjectifs indéfinis ?* — 123.° *Quels sont-ils ?* — 124.° *Quels sont ceux de ces mots qui sont tantôt adjectifs, tantôt pronoms ?* — 125.° *Quelle remarque fait-on sur l'adjectif le ?* — 126.° *Quand le précédé de à, de, se change-t-il en au, du ?* — 127.° *Quand les, précédé de à, de, se change-t-il en aux, des ?*

EXERCICE. — Pourquoi des personnes généreuses dans l'indigence sont-elles avares dans l'opulence ? C'est que l'or, comme les liqueurs fortes, augmente la soif.

Tous les devoirs de l'homme sont renfermés dans ces deux points : la résignation à la volonté du Créateur et la charité pour nos semblables.

vant une voyelle ou une *h* muette ; Ex. : *J'habitais*
CE *village*, CE *hameau. Connaissez-vous* CET *enfant*,
CET *homme ?*

ADJECTIFS POSSESSIFS. **111**. — Les adjectifs *possessifs* servent à préciser l'objet nommé, en exprimant une idée de possession ; Ex. : *Rendez-moi* MON
livre, c'est-à-dire, le livre qui m'appartient.

112. — Les adjectifs possessifs sont :

Au Singulier,		Au Pluriel,
Masculin, —	Féminin, —	Des deux genres,
Mon,	*ma*,	*mes*.
Ton,	*ta*,	*tes*.
Son,	*sa*,	*ses*.
Notre,	*notre*,	*nos*.
Votre,	*votre*,	*vos*.
Leur,	*leur*,	*leurs*.

113. — *Mon*, *ton*, *son*, s'emploient aussi au féminin, devant un mot commençant par une voyelle
ou une *h* muette ; Ex. : *On ignore* MON *intention*,
pour MA *intention. Je n'aime pas* SON *humeur capricieuse*, pour SA *humeur capricieuse*.

114. — *Votre*, *vos*, s'emploient par politesse,
au lieu de *ton*, *ta*, *tes*, en parlant à une seule personne ; Ex. : *Mon père*, *je suivrai* VOTRE *avis*, *j'a-
girai d'après* VOS *conseils*.

ADJECTIFS NUMÉRAUX. **115**. — Les adjectifs *nu-*

J'estime plus mon ennemi déclaré qu'un faux ami.

Fais honneur à tes habits, et tes habits te feront honneur.

Les diamants ont leur prix ; les bons conseils n'en ont pas.

Notre plus grand tort envers le méchant, c'est qu'il ait des
torts envers nous.

Lorsque je suis avec mon ami, je ne suis pas seul et nous
ne sommes pas deux.

Le premier jour de la dignité est le dernier de l'indépendance.

Les peuples, en réunion, sont aussi aveugles que chaque
individu.

Quel immense intervalle du code de l'Évangile à celui de
l'inquisition !

Ne vous pressez jamais de plier votre ouvrage ! chaque jour
amène une perfection.

méraux servent à préciser le nombre ou le rang des objets nommés ; Ex. : *Prêtez-moi* VINGT *francs. J'ai lu le* PREMIER *volume de cet ouvrage.*

116. — Ces adjectifs se divisent en numéraux *cardinaux* et en numéraux *ordinaux.*

117. — Les adjectifs numéraux *cardinaux* marquent seulement la quantité ; c'est d'eux que sont formés les noms de nombre et les autres adjectifs numéraux ; Ex. : *J'ai perdu* CENT *francs.*

118. — Ces adjectifs sont *un, deux, trois, quatre, cinq, six, sept, huit, neuf, dix, onze, vingt, cent, mille,* etc.

119. — Les adjectifs numéraux *ordinaux* marquent le rang ou l'ordre ; Ex. : *Mars est le* TROISIÈME *mois de l'année.*

120. — Ces adjectifs sont *premier, second* ou *deuxième, troisième, quatrième, dixième, douzième,* etc.

121. — *Premier* et *second* ne sont pas formés d'adjectifs numéraux cardinaux ; *deuxième* est formé de *deux* ; *troisième* est formé de *trois* ; *quatrième* de *quatre,* etc. — Dans *vingt et unième* le mot *unième* est formé de *un.*

ADJECTIFS INDÉFINIS. **122.** — Les adjectifs *indéfinis* font prendre le nom, ou dans un sens restreint et

---

Quelque esprit que vous ayez, dites quelque chose qui vaille mieux que le silence, ou taisez-vous.

Les faux amis sont comme l'ombre d'un cadran : elle paraît si le ciel est serein ; elle se cache s'il est nébuleux.

Les plaisants de profession plaisent rarement.

À chaque méchant son mauvais jour.

Un ambitieux a autant de maîtres qu'il y a de gens qui lui sont utiles.

Un paresseux est le frère d'un mendiant.

Ce ne sont point les prières vocales qui font l'oraison, mais celles du cœur.

PROCÉDÉ. — **Indiquer:** 1.º *Les mots qui sont adjectifs ;* — 2.º *Les adjectifs déterminatifs ;* — 3.º *Les adjectifs qualificatifs ;* — 4.º *Les adjectifs qualificatifs employés comme noms ;* — 5.º *Les différentes sortes d'adjectifs déterminatifs.* — 6.º *Décomposer les adjectifs au, du, aux, des.*

indéterminé ; Ex. : CERTAINS *auteurs pensent ainsi ;* ou dans toute l'étendue de sa signification ; Ex. : TOUT *âge a ses plaisirs.* AUCUN *homme n'est infaillible.*

123. — Les adjectifs indéfinis sont *chaque, aucun, nul, le, quelque, certain, un* (signifiant Quelque, certain), *plusieurs, tel, quel, quelconque, le même, l'autre.*

124. — Les mots *tout, aucun, nul, certain, plusieurs, le même, l'autre,* ne sont adjectifs que lorsqu'ils sont joints à un nom ; autrement, ils sont pronoms ; Ex. : *Ils ont perdu* TOUTE *honte.* — TOUT *est perdu hors l'honneur.*

125. — *Le* a pour féminin *la,* et pour pluriel *les.* — *Le* et *les* forment avec les prépositions *à, de,* les adjectifs composés *au, du,* pour le singulier ; *aux, des,* pour le pluriel.

126. — *A le,* se change en *au ; de le,* se change en *du,* devant un nom masculin commençant par une consonne ou une *h* aspirée ; Ex. : *Parler* AU *roi. Jouir* DU *présent.*

127. — *A les* se change en *aux ; de les* se change en *des* devant tous les noms indistinctement ; Ex. : *Parler* AUX *élèves. La sagesse* DES *avis. La tendresse* DES *mères.*

NEUVIÈME LEÇON.

ACCORD DES ADJECTIFS. **128.** — *Première règle.* — Tout adjectif s'accorde en genre et en nombre avec le dénominatif auquel il se rapporte,

---

NEUVIÈME LEÇON.

QUESTIONNAIRE. — 128.° *Quelle est la première règle d'accord des adjectifs ?* — 129.° *Quelle est la deuxième règle?* — 130.° *Quelle est la troisième ?* — 131.° *Comment les adjectifs ont-ils les propriétés de genre et de nombre ?* — 132.° *Comment reconnaît-on qu'un mot est adjectif ?* — 133.° *Quelle est la règle générale pour former le féminin dans les adjectifs?* — 134.° *Comment les adjectifs terminés au masculin par un e muet forment-ils leur féminin ?* — 135.° *Quels sont les adjec-*

c'est-à-dire, qu'il prend une terminaison différente et particulière, selon qu'il est joint à un dénominatif du masculin ou du féminin, du singulier ou du pluriel ; Ex. : MON CHER *frère*. MA CHÈRE *sœur*. MES CHERS *amis*.

129. — *Deuxième Règle*. — Lorsqu'un adjectif est joint à deux noms du singulier, il se met au pluriel ; Ex. : *Le roi et le berger* sont ÉGAUX *après la mort*, et non pas *égal*.

130. — *Troisième Règle*. — L'adjectif qui se rapporte à deux noms de différents genres, se met au pluriel masculin ; Ex. : *Le roi et la reine sont* PUISSANTS, et non pas *puissantes*.

DU GENRE, ET DU NOMBRE. **131**. — Les adjectifs n'ont par eux-mêmes ni genre ni nombre ; ils empruntent ces propriétés du nom auquel ils sont joints, et prennent l'un ou l'autre genre, et l'un ou l'autre nombre, suivant qu'ils se rapportent à un nom du masculin ou du féminin, du singulier ou du pluriel.

132. — On reconnaît qu'un mot est adjectif lorsqu'on peut le joindre à un nom dont il prend le genre et le nombre ; ainsi, *bon* est adjectif, parce qu'on peut dire : *Un* BON *fils*. *Une* BONNE *fille*.

FORMATION DU FÉMININ. **133**. — *Règle générale*. — On forme le féminin dans la plupart des adjectifs en

<hr>

tifs qui forment leur féminin par le redoublement de la consonne finale et l'addition d'un e muet ? — 136.° Quels sont les adjectifs en el qui forment leur féminin autrement que les précédents ? — 137.° Quels autres adjectifs doublent aussi au féminin leur consonne finale ? — 138.° Quels adjectifs ont deux formes pour le masculin, et comment font-ils leur féminin ? — 139.° Comment forme-t-on le féminin des adjectifs terminés par x ? — Et celui des adjectifs doux, faux, préfix ? — 140.° Comment se forme le féminin des adjectifs terminés par f ? — 141.° Et celui des adjectifs terminés par c ? — 142.° Comment font au féminin les adjectifs long, malin, bénin, favori, coi, dissous, absous ? — 143.° Quels sont les adjectifs en eur qui se terminent par euse au féminin ? — 144.° Quels sont ceux qui se terminent par trice ? — 145.° Et ceux

ajoutant un *e* muet à leur terminaison ; Ex. : Un GRAND *tableau*. UNE GRANDE *table*.

134. — *Première Exception.* — Les adjectifs terminés au masculin par un *e* muet, comme *aimable*, *utile*, *honnête*, s'écrivent de même dans les deux genres ; Ex. : Un homme HONNÊTE. Une femme HONNÊTE. — Cependant *maître* fait *maîtresse* ; *nègre*, *négresse* ; *hôte*, *hôtesse* ; *traître*, *traîtresse*, etc.

135. — *Deuxième Exception.* — Les adjectifs qui se terminent au masculin par *el*, *eil*, *ien*, *on*, *et*, comme *cruel*, *pareil*, *ancien*, *bon*, *muet*, forment généralement leur féminin en doublant leur consonne finale et la faisant suivre d'un *e* muet ; Ex. : Un événement CRUEL ; une affaire CRUELLE. Un objet PAREIL ; une chose PAREILLE. Un conte ANCIEN ; une histoire ANCIENNE.

136. — Les adjectifs *complet*, *concret*, *discret*, *secret*, *inquiet*, *replet*, font au féminin, *complète*, *concrète*, *discrète*, etc., avec un *e* muet final et un accent grave sur l'avant-dernier *e*.

137. — Les adjectifs *nul*, *gentil*, *sot*, *vieillot*, *paysan*, *bas*, *gras*, *las*, *gros*, *épais*, *exprès*, *profès*, doublent aussi leur consonne finale avec l'addition

qui se terminent par eresse ou par ante ? — 146.° Quels sont les adjectifs en eur qui ne changent pas au féminin ? — 147.° Quels sont les adjectifs qui ne s'emploient pas au féminin ? — 148.° Quelle est la règle générale pour former le pluriel dans les adjectifs ? — 149.° Quels adjectifs ne changent pas au pluriel ? — 150.° Comment se forme le pluriel des adjectifs en al ? — 151.° Lesquels de ces adjectifs suivent la règle générale ? — 152.° Quels sont les adjectifs en al qui ne s'emploient pas au pluriel masculin ? — 153.° Comment s'écrivent au pluriel les adjectifs terminés par ant ou ent, et l'adjectif tout ?

EXERCICE. — L'habitude est la plus sûre et la plus commode maîtresse pour rendre toutes choses plus faciles.

Un cœur profondément affligé n'a nul besoin de s'environner des souvenirs de l'objet regretté, pour que sa douleur soit éternelle ?

Toute négligence peut être fatale à une petite fortune.

Souvent au plus haut rang est le cœur le plus bas.

d'un *e* muet, pour former le féminin : *nulle*, *gentille*, *sotte*, etc. — *Tiers*, fait au féminin, *tierce*.

138. — Les adjectifs *beau*, *nouveau*, *fou*, *mou*, *vieux*, *ce*, font au masculin devant une voyelle ou une *h* muette : *bel*, *nouvel*, *fol*, *mol*, *vieil*, *cet*; Ex. : Bel *oiseau*. Nouvel *habit*. — De ces derniers mots, on forme le féminin en doublant la consonne finale avec l'addition d'un *e* muet : *belle*, *nouvelle*, *folle*, etc. — *Jumeau*, fait au féminin, *jumelle*.

139. — *Troisième Exception.* — Les adjectifs terminés par *x*, comme *jaloux*, *heureux*, forment leur féminin en changeant *x* en *se*; Ex. : *Un homme* JALOUX ; *une femme* JALOUSE. *Un père* HEUREUX ; *une mère* HEUREUSE.

Les adjectifs *doux*, *faux*, *préfix*, font au féminin, *douce*, *fausse*, *préfixe*.

140. — *Quatrième Exception.* — Les adjectifs terminés par *f*, comme *bref*, *naïf*, *neuf*, changent *f* en *ve*, pour former le féminin; Ex. : *Un habit* NEUF. *Une maison* NEUVE.

141. — *Cinquième Exception.* — Les adjectifs

L'amitié n'admet que des égaux ou rend tels.

La religion chrétienne apprend à l'homme ses immortelles destinées.

Un mépris muet est la meilleure réponse aux railleries.

On peut être un sot avec de l'esprit, on ne l'est jamais avec du jugement.

Les cheveux blancs du vieillard vertueux sont une couronne dont le temps a orné sa tête.

L'amour trop inquiet du bien public est souvent une ambition déguisée.

Les consolations indiscrètes ne font qu'aigrir les violentes afflictions.

La main sage ne fait pas tout ce que dit la langue folle.

Quoique vous ordonniez, soyez bref.

Le désir a toujours la bouche sèche et les mains vides.

Que la nuit paraît longue à la douleur qui veille !

La fortune rend ses favoris insolents.

De tous ceux qui sont adorateurs d'idoles, il n'y en a pas de plus insensé que celui qui s'adore lui-même.

terminés par *c*, changent, au féminin, *c* en *che* ou en *que*; Ex. : *Du papier* BLANC; *une feuille* BLANCHE. *Un lieu* PUBLIC; *une place* PUBLIQUE. — *Sec*, *grec*, *frais*, font au féminin, *sèche*, *grecque*, *fraîche*.

142. — *Sixième Exception.* — Les adjectifs *long*, *malin*, *bénin*, font au féminin, *longue*, *maligne*, *bénigne*. — *Favori*, *coi*, *dissous*, *absous*, font, *favorite*, *coite*, *dissoute*, *absoute*.

143. — *Septième Exception.* — Les adjectifs en *eur* dont la terminaison *eur* peut se changer en *ant*, comme *menteur*, *trompeur*, qui peuvent se tourner par *mentant*, *trompant*, font leur féminin en *euse*; Ex. : *Un petit garçon* MENTEUR. *Une petite fille* MENTEUSE.

144. — Les adjectifs en *teur* dont la terminaison *teur* ne peut pas se tourner par *tant*, comme *acteur*, *accusateur*, font leur féminin en *trice*; Ex. : *Un fait* ACCUSATEUR. *Une parole* ACCUSATRICE.

145. — Les adjectif *vengeur*, *pécheur*, *bailleur*, font au féminin, *vengeresse*, *pécheresse*, *bailleresse*. — *Gouverneur* et *serviteur*, font, *gouvernante*, *servante*.

Tout prend un aspect menteur en présence du souverain.

Une légère somme prêtée fait un débiteur, une forte fait un ennemi.

Une femme auteur n'a rien à espérer que la haine de son sexe et la crainte de l'autre.

L'argent est un bon serviteur et un mauvais maître.

Tout esprit qui n'a pas le sens commun pour base est fatigant et ennuyeux.

Si tu veux qu'une chose soit secrète, ne la dis pas.

Le bien public doit être la première et la principale loi.

L'amour et l'ambition sont des hôtes bien turbulents.

Il n'y a pas de meilleur miroir qu'un vieil ami.

Vieux péché fait nouvelle honte.

L'homme qui laisse tomber ses regards sur son chétif individu, doit être honteux de son orgueil.

PROCÉDÉ. — Indiquer: 1.° *L'accord de chaque adjectif*; — 2.° *Le genre*; *Si l'adjectif est au masculin*, *dire comment il fait au féminin*, *et réciproquement*; — 3.° *Le nombre*; *Si l'adjectif est au singulier*, *dire comment il fait au pluriel*, *et*

146. — *Amateur, auteur, littérateur, professeur,* et tous les adjectifs qui désignent une qualité plus particulière aux hommes, comme *médecin, artisan,* etc., ne changent pas au féminin. On dit : *Un homme* AUTEUR. *Une femme* AUTEUR.

147. — Quelques adjectifs ne s'emploient pas au féminin ; tels sont : *fat, châtain, dispos, résous, hébreu.*

FORMATION DU PLURIEL. **148.** — *Règle générale.* — On forme le pluriel dans les adjectifs, comme dans les noms, en ajoutant une *s* à leur terminaison ; Ex. : *Le livre* UTILE ; *les livres* UTILES. *Une femme* MALHEUREUSE ; *des femmes* MALHEUREUSES.

149. — *Première Exception.* — Les adjectifs qui se terminent au singulier par *s* ou *x*, ne changent pas au pluriel masculin ; Ex. : *Le* GROS *volume ; les* GROS *volumes. Un homme* HEUREUX *; des hommes* HEUREUX.

150. — *Deuxième Exception.* — Les adjectifs

---

réciproquement. — 4.º *Faire accorder avec les noms féminins et avec les noms pluriels, les adjectifs suivants :*

Un tableau *noir.*	Une cravate...	Des tableaux...	Des cravates...
Un travail *facile.*	Une tâche...	Des travaux...	Des tâches...
Un esclave *nègre.*	Une servante...	Des esclaves...	Des servantes...
Un service *annuel.*	Une rente...	Des services...	Des rentes...
Un teint *vermeil.*	Une bouche...	Des teints...	Des bouches...
Un usage *ancien.*	Une coutume...	Des usages...	Des coutumes...
Un chant *gascon.*	Une promesse...	Des chants...	Des promesses...
Un ruban *violet.*	Une robe...	Des rubans...	Des robes...
Un caractère *bas.*	Une âme...	Des caractères...	Des âmes...
Un livre *nouveau.*	Une romance...	Des livres...	Des romances...
Un chant *national.*	Une fête...	Des chants...	Des fêtes...
Un chemin *ténébreux.*	Une route...	Des chemins...	Des routes...
Un papier *blanc.*	Une page...	Des papiers...	Des pages...
Un ouvrage *favori.*	Une lecture...	Des ouvrages...	Des lectures...
Un temps *meilleur.*	Une époque...	Des temps...	Des époques...
Un indice *accusateur.*	Une parole...	Des indices...	Des paroles...
Le remords *vengeur.*	La foudre...	Les remords...	Les foudres...
Un homme *brûleur.*	Une femme...	Des hommes...	Des femmes...
Un objet *charmant.*	Une chose...	Des objets...	Des choses... (1)

(1) Voir la note à la fin de la 5.ᵐᵉ leçon.

terminés en *au* ou en *al*, forment leur pluriel en *aux* ; Ex. : *Un ouvrage* NOUVEAU ; *des ouvrages* NOUVEAUX. *Un livre* MORAL ; *des livres* MORAUX.

151. — Les adjectifs *final*, *fatal*, *glacial*, *nasal*, *naval*, *théâtral*, forment leur pluriel par l'addition d'une *s* ; Ex. : *Des sons* FINALS.

152. — *Amical*, *bénéficial*, *diagonal*, *diamétral*, *expérimental*, *instrumental*, *médicinal*, *mental*, *oral*, *pastoral*, *virginal*, *vocal*, *zodiacal*, ne s'emploient pas au pluriel masculin.

153. — Les adjectifs polysyllabes terminés par *ant* ou *ent*, perdent ou conservent le *t* au masculin pluriel, comme les noms qui ont cette même terminaison ; Ex. : *Des enfants* OBÉISSANTS, ou *des enfans* OBÉISSANS. Il est cependant préférable de conserver le *t* au pluriel de ces adjectifs. — L'adjectif *tout* perd le *t* au masculin pluriel et fait, *tous*.

CHAPITRE QUATRIÈME. — DU VERBE.

DIXIÈME LEÇON.

DÉFINITION DU VERBE. 154. — Le *Verbe* est un mot qui se joint au dénominatif, pour affirmer l'état ou l'action de l'objet nommé. — On dit aussi qu'il sert à attribuer une manière d'être à une personne ou à une chose ; Ex. : *Paul* EST *studieux*. *Marie* TRAVAILLE. *La modestie* PLAÎT.

DIXIÈME LEÇON.

QUESTIONNAIRE. — 154.° *Qu'est-ce que le verbe ?* — 155.° *Comment reconnaît-on qu'un mot est verbe ?* — 156.° *Qu'appelle-t-on sujet ?* — 157.° *Comment se reconnaît le sujet d'un verbe ?* — 158.° *Combien distingue-t-on de sortes principales de verbes ?* — 159.° *Pourquoi le verbe être est-il nommé verbe substantif ?* — 160.° *Pourquoi les autres verbes sont-ils appelés attributifs ?* — 161.° *Quel peut être le sens d'un verbe attributif ?* — 162.° *Que nomme-t-on régime ?* — 163.° *Combien en distingue-t-on de sortes ?* — 164.° *Qu'est-ce que le régime direct ?* — 165.° *Comment le reconnaît-on ?* — 166.° *Qu'est-ce*

Affirmer une chose, c'est en exprimer l'existence.

155. — On reconnaît qu'un mot est verbe lorsqu'on peut le faire précéder des pronoms *je*, *tu*, *il*, *elle*, *nous*, *vous*, *ils*, *elles*. Ainsi, *travailler* est un verbe, parce qu'on peut dire : *je travaille*, *tu travailles*, *nous travaillons*, etc.

Du Sujet. **156.** — On appelle *sujet*, le dénominatif qui représente l'objet auquel on attribue un état ou une action. Dans *Paul est studieux*, on attribue la qualité de *studieux* à *Paul* ; dans *Marie travaille*, on attribue à *Marie* l'action de *travailler* ; les noms *Paul* et *Marie* sont les sujets des verbes *est* et *travaille*.

157. — On reconnaît mécaniquement le sujet d'un verbe en faisant, devant ce verbe, la question *Qui est-ce qui ?* pour les personnes, et *Qu'est-ce qui ?* pour les choses. Le mot qui répond à cette question est le sujet ; ainsi, pour les exemples précédents, on dira : Qui est-ce qui est *studieux ?* R. *Paul* ; — Qui est-ce qui *travaille ?* R. *Marie*. — Qu'est-ce qui *plaît ?* R. *La modestie*.

Divisions générales des Verbes. **158.** — On distingue deux sortes principales de verbes: le verbe *substantif* et les verbes *attributifs*.

159. — Le verbe *être* est nommé verbe *substantif*, parce qu'il marque seulement l'existence ou l'affirmation. On le fait suivre d'un mot exprimant

---

que le régime indirect ? — 167.° *Comment le reconnaît-on ? —* 168.° *N'y a-t-il que les verbes qui puissent avoir des régimes ? —* 169.° *Comment divise-t-on les verbes attributifs ? —* 170.° *Qu'est-ce que les verbes transitifs ? —* 171.° *Comment reconnaît-on un verbe transitif ? —* 172.° *Qu'est-ce que les verbes intransitifs ? —* 173.° *Comment les reconnaît-on ? —* 174.° *Quels noms prennent encore certains verbes ? —* 175.° *Qu'est-ce que les verbes pronominaux ? —* 176.° *Qu'appelle-t-on verbes unipersonnels ? —* 177.° *Quels sont les verbes auxiliaires, et pourquoi sont-ils ainsi nommés ? —* 178.° *Quels verbes prennent l'auxiliaire* avoir *? Qu'est encore ce verbe ? —* 179.° *Quels verbes prennent l'auxiliaire* être *? Quand ce verbe est-il verbe substantif ?*

la manière d'être attribuée au sujet, et appelé, pour cette raison, *attribut*; Ex. : *Le travail* EST UTILE. *La promenade* EST AGRÉABLE.

160. — A l'exception du verbe *être*, tous les verbes sont nommés *attributifs*, parce qu'ils expriment, outre l'affirmation, la manière d'être *attribuée au sujet*; ainsi, *Marie* TRAVAILLE, signifie, Marie est travaillant. *Paul* JOUAIT, signifie, Paul était jouant.

161. — Le sens d'un verbe attributif peut être ou général et absolu; Ex. : *L'élève* ÉTUDIE; ou restreint et déterminé; Ex. : *L'élève* ÉTUDIE *sa leçon*.

DES RÉGIMES. **162**. — Le dénominatif placé après un verbe pour en restreindre et en déterminer le sens, se nomme *régime*, parce qu'il est sous la dépendance du verbe. Dans l'exemple précédent, le nom *leçon* est régime du verbe *étudie*.

163. — On distingue deux sortes de régimes : le régime *direct* et le régime *indirect*.

164. — On appelle régime *direct*, celui qui est joint au verbe sans l'intermédiaire d'une préposition; Ex. : *Aimez vos* PARENTS. *Il remplit ses* DEVOIRS.

165. — On reconnaît le régime direct en faisant, après le verbe, la question *Qui?* pour les personnes, et *Quoi?* pour les choses; le dénominatif qui répond à cette question, est le régime direct; ainsi, *Aimez* qui? R. *vos parents*. — *Il remplit* quoi? R. *ses devoirs*.

EXERCICE. — La superstition et l'impiété sont deux écueils également dangereux.

Quand l'infortune est générale dans un pays, l'égoïsme est universel.

Les plaisanteries ne sont bonnes que quand elles sont servies toutes chaudes.

La politesse est une monnaie destinée à enrichir, non point celui qui la reçoit, mais bien celui qui la dépense.

O toi qui peux jouir d'un doux sommeil, pense à ceux que la douleur empêche de dormir ! ô toi qui marches lestement, aie pitié de ton compagnon qui ne peut te suivre ! ô toi qui es opulent, songe à celui que la misère accable !

166. — On nomme *régime indirect*, celui qui est joint au verbe par l'intermédiaire d'une préposition ; Ex. : *Il obéit à ses* MAÎTRES. *Il profite de la* LEÇON.

167. — Pour reconnaître le régime indirect, on fait, après le verbe, l'une des questions *A qui ?* ou *à quoi ? De qui ?* ou *de quoi ? Par qui ?* ou *par quoi ?* etc. ; ainsi, *Il obéit* à qui ? R. *à ses maîtres. Il profite* de quoi ? R. *de la leçon.*

168. — Un dénominatif peut encore être régime indirect d'un nom, d'un pronom, d'un adjectif, ou de tout autre mot dont il est précédé, et auquel il est joint par une préposition ; Ex. : *Le temps de* L'ÉTUDE *est utile à tous les* ÉLÈVES.

DIVISIONS DES VERBES ATTRIBUTIFS. **169.** — Les verbes attributifs se divisent en deux sortes : en *transitifs* et en *intransitifs.*

VERBES TRANSITIFS. **170.** — Les verbes *transitifs* sont ceux qui peuvent avoir un régime direct ; *aimer*, *lire*, sont verbes transitifs, parce qu'on peut dire : *J'aime mon frère. Il lit une histoire.*

171. — On reconnaît qu'un verbe est transitif lorsqu'on peut le faire suivre des mots *quelqu'un, quelque chose.*

VERBES INTRANSITIFS. **172.** — Les verbes *intransitifs* sont ceux qui ne peuvent avoir de régime direct ; tels sont, *profiter*, *nuire* ; Ex. : *Il* PROFITE *du présent. Vous* NUISEZ *à votre ami.*

173. — On reconnaît qu'un verbe est intransitif,

Qui se souvient des bienfaits de ses parents, est trop occupé de sa reconnaissance pour se souvenir de leurs torts.

On demande quatre choses à une femme : que la vertu habite dans son cœur ; que la modestie brille sur son front ; que la douceur découle de ses lèvres ; et que le travail occupe ses mains.

Reconnais les bienfaits par d'autres bienfaits ; mais ne te venge jamais par des injures.

Il faut semer pour moissonner.

Il ne dépend pas de nous d'être heureux ; mais il dépend de nous de mériter de l'être.

Il n'est jamais tard pour faire le bien.

lorsqu'on ne peut le faire suivre des mots *quelqu'un*, *quelque chose*.

174. — Considérés dans la manière de les employer, certains verbes prennent les noms de verbes *pronominaux* et de verbes *unipersonnels*.

Verbes pronominaux. 175. — On nomme verbes *pronominaux*, ceux qui sont accompagnés de deux pronoms de la même personne, l'un sujet, l'autre régime ; Ex. : *Je me souviens. Tu te flattes*, pour Tu flattes toi.

Verbes unipersonnels. 176. — On appelle verbes *unipersonnels*, ceux qui ne sont employés qu'à la troisième personne du singulier et avec le pronom *il*, pris absolument, c'est-à-dire, sans rapport à un nom ; Ex. : *Il* pleut. *Il* faudra *que tu viennes*.

Verbes auxiliaires. 177. — On distingue encore des verbes *auxiliaires*; ce sont *avoir* et *être*, nommés ainsi quand ils sont suivis d'un participe passé avec lequel ils forment les temps composés d'un autre verbe ; Ex. : *J'*ai *aimé. J'*avais *fini. Je* suis *sorti. J'*étais *revenu.*

178. — *Avoir*, forme les temps composés de tous les verbes transitifs, et ceux des verbes intransitifs dont le participe passé ne peut être mis immédiatement après un nom ; Ex. : *J'*ai *aimé. J'*avais *dormi.*

Avoir, est lui-même verbe transitif lorsqu'il n'est pas joint à un participe passé d'un autre verbe ; Ex. : *Il* a *une maison. Vous* aurez *une place.*

Nous rendrons le temps meilleur si nous savons agir.

Que ta bouche soit la prison de ta langue.

Il faut charger sa mémoire de pensées morales : elles servent de lest dans tout le cours de la vie.

Procédé. — Indiquer : 1.º *Les mots qui sont verbes ;* — 2.º *Les sujets ;* — 3.º *Le verbe substantif ;* — 4.º *Les verbes attributifs ;* — 5.º *Les régimes directs et les régimes indirects des verbes ;* — 6.º *Les régimes des autres mots ;* — 7.º *Les verbes transitifs ;* — 8.º *Les verbes intransitifs ;* — 9.º *Les verbes pronominaux ;* — 10.º *Les verbes unipersonnels ;* — 11.º *Les verbes auxiliaires.*

179. — *Être*, forme les temps composés des verbes intransitifs dont le participe passé peut être placé immédiatement après un nom, et ceux des verbes pronominaux ; mais, dans ce dernier cas, il est mis pour *avoir*; Ex. : *Je suis sorti. Je me suis blessé*, pour J'ai blessé moi.

Être, est verbe substantif lorsqu'il est suivi d'un adjectif, d'un nom employé comme adjectif, ou d'un participe passé de verbe transitif ; Ex. : *Il* SERA *médecin. Ils* SONT *grands. Elle* EST *aimée et respectée.*

ONZIÈME LEÇON.

DE LA TERMINAISON ET DU RADICAL. **180.** — La *terminaison* du verbe marque, par ses différents changements, les diverses idées accessoires ajoutées à la signification fondamentale que renferme le *radical*; ce sont des idées de *personnes*, de *nombres*, de *modes* et de *temps*.

ACCORD DU VERBE. **181.** — *Première Règle.* — Le verbe s'accorde en nombre et en personne avec son sujet, c'est-à-dire, qu'il prend une terminaison différente selon que son sujet est du singulier ou du pluriel, de la première, de la seconde ou de la troisième personne ; Ex. : *Je lirai, nous lirons. Tu liras, vous lirez. Il lira, ils liront.*

182. — *Deuxième Règle.* — Lorsque le verbe a deux sujets du singulier, il se met au pluriel ; Ex. : *Ma mère et ma sœur* VIENDRONT.

183. — *Troisième Règle.* — Lorsque le verbe a deux sujets de différentes personnes, il se met au pluriel et s'accorde en personne avec le sujet qui

ONZIÈME ET DOUZIÈME LEÇON.

QUESTIONNAIRE. — *180.° Qu'est-ce que la terminaison et le radical d'un verbe ? — 181.° Quelle est la première règle d'accord du verbe ? — 182.° Quelle est la deuxième règle ? — 183.° Quelle est la troisième ? — 184.° Après quels mots un verbe est-il du singulier ? Après lesquels est-il du pluriel ? — 185.° Après quels mots un verbe est-il à la première personne,*

a la priorité ; la première personne a la priorité sur la seconde, et la seconde sur la troisième ; Ex. : *Mon frère et moi* RESTERONS *ici. Vous et votre sœur* VIEN-DREZ.

DU NOMBRE. **184.** — Un verbe est du singulier quand il a pour sujet l'un des pronoms *je*, *tu*, *il*, *elle*, ou tout autre dénominatif du singulier ; Ex. : *Je sors, tu sors, il sort. L'enfant sort.*

Il est du pluriel quand il a pour sujet l'un des pronoms *nous, vous, ils, elles*, ou tout autre dénominatif du pluriel ; Ex. : *Nous sortons, vous sortez, ils sortent. Les enfants sortent.*

DE LA PERSONNE. **185.** — Un verbe est de la première personne après les sujets *je*, *nous* ; Ex. : *Je parle, nous parlons.*

Il est de la seconde personne après les sujets *tu*, *vous* ; Ex. : *Tu parles, vous parles.*

Il est de la troisième personne après les sujets *il*, *ils*, *elle*, *elles*, ou après tout autre dénominatif sujet pouvant être remplacé par *il ou elle* ; Ex. : *Il parle. Elles parlent. Les enfants parlent.*

DES MODES. **186.** — Les *modes* sont des divisions établies dans le verbe, et servant à marquer, de différentes manières, l'existence de l'action ou de l'état. *Mode*, signifie, Manière.

187. — Il y a cinq modes : *l'infinitif*, *l'indicatif*, le *conditionnel*, *l'impératif* et le *subjonctif*.

188. — *L'Infinitif* sert à exprimer une action ou un état d'une manière vague et générale, sans désignation de nombres ni de personnes.

L'infinitif se divise en deux parties : *l'infinitif*

---

substantif, faisant l'office de nom; Ex.: MOURIR *est notre destinée*; *Il aime à* JOUER; — et l'*infinitif adjectif*, autrement nommé, *participe*, faisant la fonction de qualificatif; Ex.: *Un ami* OBLIGEANT *avec plaisir; Ma tâche est* TERMINÉE.

189. — L'*Indicatif* sert à exprimer une action ou un état d'une manière positive, c'est-à-dire, comme ayant lieu, ou comme ayant eu lieu, ou comme devant avoir lieu; Ex.: *Je pars; Je suis parti; Je partirai*.

190. — Le *Conditionnel* sert à exprimer que l'état ou l'action aurait lieu, ou aurait eu lieu moyennant une condition; Ex.: *Je* PARTIRAIS *s'il faisait beau*.

191. — L'*Impératif* s'emploie pour commander qu'une chose ait lieu; Ex.: *Pars. Partez*.

192. — Le *Subjonctif* sert à exprimer l'état ou l'action d'une manière subordonnée ou douteuse; Ex.: *Je veux qu'il* VIENNE, *Je doute qu'il* RÉUSSISSE.

193. — Le mode infinitif, n'ayant point de personnes, est appelé *mode impersonnel*. Les autres modes, pour la raison contraire, se nomment *modes personnels*.

DES TEMPS. 194. — On appelle *temps*, certaines divisions du verbe, qui marquent, par la différence de leurs terminaisons, si l'état ou l'action est présente, passée ou future.

195. — On distingue trois sortes de temps, considérés quant à l'époque qu'ils désignent:

1.° Le *présent*, qui marque qu'une chose a lieu ou se fait au moment où l'on parle; Ex.: *J'écoute; Nous écoutons*.

---

la durée qu'ils indiquent? — 196.° Comment les divise-t-on sous le rapport de leur forme? — 197.° Qu'est-ce que les temps simples? — 198.° Qu'est-ce que les temps composés? — 199.° Comment divise-t-on les temps sous le rapport de l'étymologie ou de la formation? — 200.° Qu'est-ce que l'on nomme temps primitifs? — 201.° Qu'est-ce que les temps dérivés? — 202.° Quels sont les temps primitifs? — 203.° Qu'est-ce que l'on nomme conjugaison? — 204.° Combien y a-t-il de

2.° Le *passé*, indiquant qu'une chose a eu lieu ou a été faite ; Ex. : *J'ai écouté* ; *Nous avons écouté* ;

3.° Le *futur*, indiquant qu'une chose aura lieu ou se fera ; Ex. : *J'écouterai* ; *Nous écouterons*.

196. — Les temps, considérés sous le rapport de leur forme, sont *simples ou composés*.

197. — Les temps *simples* sont ceux qui ne sont formés que d'un mot ; Ex. : *Vous entendez. Ils entendent.*

198. — On appelle temps *composés*, ceux qui sont formés de deux mots : d'un temps de verbe auxiliaire et d'un participe passé ; Ex. : *Vous avez entendu. Ils ont entendu.*

199. — Sous le rapport de l'étymologie ou de la formation, les temps se divisent en *primitifs* et en *dérivés*.

200. — On appelle temps *primitifs*, ceux qui forment les autres temps et qui, eux-mêmes, ne sont formés d'aucun autre.

201. — On nomme *dérivés*, les temps qui sont formés des *primitifs*. Un temps simple, dérivé, se forme de son primitif, en ce qu'il en a le radical ; Ex. : Temps primitif : Finiss-*ant* ; — Temps dérivé : Je finiss-*ais*.

202. — Il y a cinq temps primitifs : le *présent de l'infinitif*, le *participe présent*, le *participe passé*, le *présent de l'indicatif* et le *parfait défini*. — Tous les temps primitifs sont nécessairement des temps simples.

De la Conjugaison. 203. — La réunion de tous les temps d'un verbe se nomme *conjugaison*, parce

---

conjugaisons en français ? — 205.° *Après la récitation des deux auxiliaires, conjuguer ces deux mêmes verbes, en prenant les temps, sans suivre aucun ordre.* — 206.° *Faire de même pour les modèles des deux conjugaisons, en disant la formation de chaque temps.* — 207.° *Quelles sont les terminaisons générales des temps simples ?* — 208.° *Quelles sont les exceptions ?* — 209.° *Que remarque-t-on dans la conjugaison des verbes pronominaux ?* — 210.° *Et dans celle des verbes uni-*

qu'elle présente toutes les terminaisons des temps jointes au radical particulier d'un verbe.

204. — Il y a deux conjugaisons en français : la première, nommée conjugaison *en-er*, comprenant tous les verbes dont le présent de l'infinitif est terminé par *er*, comme *aimer*, *terminer*; la seconde, appelée conjugaison *non-en-er*, comprenant les verbes qui, au présent de l'infinitif, sont terminés par *ir*, *oir* ou *re*, comme *sort*IR, *dev*OIR, *plai*RE. — On commencera par la conjugaison des deux auxiliaires, dont la connaissance est nécessaire pour conjuguer les temps composés des autres verbes.

DOUZIÈME LEÇON.

205. — CONJUGAISON DES DEUX AUXILIAIRES.

Verbe AVOIR.	Verbe ÊTRE.

INFINITIF-SUBSTANTIF.

PRÉSENT.

Avoir.	Être.

PARFAIT.

Avoir eu.	Avoir été.

INFINITIF-ADJECTIF ou PARTICIPE.

PRÉSENT.

Ayant.	Étant.

PASSÉ SIMPLE.

Eu.	Été.

PASSÉ COMPOSÉ.

Ayant eu.	Ayant été.

INDICATIF.

PRÉSENT.

J'ai.	Je suis.
Tu as.	Tu es.
Il a.	Il est.
Nous avons.	Nous sommes.
Vous avez.	Vous êtes.
Ils ont.	Ils sont.

personnels ? — 211.° *Conjuguer les modèles de ces verbes, comme on l'a fait pour les modèles des deux conjugaisons.*

EXERCICE. — N'attends jamais que ton ami fasse ce que tu pourrais faire toi-même.

Verbe AVOIR.   **Verbe ÊTRE.**

IMPARFAIT.

J'avais.	J'étais.
Tu avais.	Tu étais.
Il avait.	Il était.
Nous avions.	Nous étions.
Vous aviez.	Vous étiez.
Ils avaient.	Ils étaient.

PARFAIT DÉFINI.

J'eus.	Je fus.
Tu eus.	Tu fus.
Il eut.	Il fut.
Nous eûmes.	Nous fûmes.
Vous eûtes.	Vous fûtes.
Ils eurent.	Ils furent.

FUTUR ABSOLU.

J'aurai.	Je serai.
Tu auras.	Tu seras.
Il aura.	Il sera.
Nous aurons.	Nous serons.
Vous aurez.	Vous serez.
Ils auront.	Ils seront.

PARFAIT INDÉFINI.

J'ai		J'ai	
Tu as		Tu as	
Il a	eu.	Il a	été,
Nous avons		Nous avons	
Vous avez		Vous avez	
Ils ont		Ils ont	

PLUS-QUE-PARFAIT.

J'avais		J'avais	
Tu avais		Tu avais	
Il avait	eu.	Il avait	été.
Nous avions		Nous avions	
Vous aviez		Vous aviez	
Ils avaient		Ils avaient	

Le sot a un grand avantage sur l'homme instruit : il est toujours content de lui-même.

Beaucoup de gens ignorent faute d'avoir su entendre.

Tout paresseux aurait cessé de l'être s'il eût connu le prix du travail.

Ne ferme pas ta porte à celui qui t'aura hébergé.

Verbe AVOIR.	Verbe ÊTRE.

PARFAIT ANTÉRIEUR DÉFINI.

Verbe AVOIR		Verbe ÊTRE	
J'eus		J'eus	
Tu eus		Tu eus	
Il eut	eu.	Il eut	été.
Nous eûmes		Nous eûmes	
Vous eûtes		Vous eûtes	
Ils eurent		Ils eurent	

(1) FUTUR ANTÉRIEUR.

Verbe AVOIR		Verbe ÊTRE	
J'aurai		J'aurai	
Tu auras		Tu auras	
Il aura	eu.	Il aura	été.
Nous aurons		Nous aurons	
Vous aurez		Vous aurez	
Ils auront		Ils auront	

CONDITIONNEL.

PRÉSENT ou FUTUR.

Verbe AVOIR	Verbe ÊTRE
J'aurais.	Je serais.
Tu aurais.	Tu serais.
Il aurait.	Il serait.
Nous aurions.	Nous serions.
Vous auriez.	Vous seriez.
Ils auraient.	Ils seraient.

PARFAIT.

Verbe AVOIR		Verbe ÊTRE	
J'aurais		J'aurais	
Tu aurais		Tu aurais	
Il aurait	eu.	Il aurait	été.
Nous aurions		Nous aurions	
Vous auriez		Vous auriez	
Ils auraient		Ils auraient	

PLUS-QUE-PARFAIT.

Verbe AVOIR		Verbe ÊTRE	
J'eusse		J'eusse	
Tu eusses		Tu eusses	
Il eût	eu.	Il eût	été.
Nous eussions		Nous eussions	
Vous eussiez		Vous eussiez	
Ils eussent		Ils eussent	

(1) Le *parfait antérieur indéfini* manque dans ces deux verbes.

Fais à autrui ce que tu voudrais qu'on te fît.

Combien la vie serait courte si l'espérance ne lui donnait de l'étendue !

L'envieux n'ouvre jamais la bouche que pour médire.

Verbe AVOIR. | **Verbe ÊTRE.**

IMPÉRATIF
FUTUR ABSOLU.

Aie. (1)	Sois.
Ayons.	Soyons.
Ayez.	Soyez.

(2) SUBJONCTIF.
PRÉSENT ou FUTUR.

Que j'aie.	Que je sois.
Que tu aies.	Que tu sois.
Qu'il ait.	Qu'il soit.
Que nous ayons.	Que nous soyons.
Que vous ayez.	Que vous soyez.
Qu'ils aient.	Qu'ils soient.

IMPARFAIT.

Que j'eusse.	Que je fusse.
Que tu eusses.	Que tu fusses.
Qu'il eût.	Qu'il fût.
Que nous eussions.	Que nous fussions.
Que vous eussiez.	Que vous fussiez.
Qu'ils eussent.	Qu'ils fussent.

PARFAIT.

Que j'aie	Que j'aie
Que tu aies	Que tu aies
Qu'il ait	Qu'il ait
Que nous ayons } eu	Que nous ayons } été.
Que vous ayez	Que vous ayez
Qu'ils aient	Qu'ils aient

PLUS-QUE-PARFAIT.

Que j'eusse	Que j'eusse
Que tu eusses	Que tu eusses
Qu'il eût } eu	Qu'il eût } été.
Que nous eussions	Que nous eussions
Que vous eussiez	Que vous eussiez
Qu'ils eussent	Qu'ils eussent

(1) L'impératif n'a pas de 1.re personne au singulier, ni de 3.e personne tant au singulier qu'au pluriel.

(2) Le *futur antérieur* de l'impératif est inusité dans ces deux verbes.

Nous sommes avides de l'approbation même d'un inconnu qui ne nous reverra jamais.

Le seul moyen de tenir inviolablement sa parole, c'est de ne la donner qu'après y avoir mûrement réfléchi.

206. — MODÈLES DES DEUX CONJUGAISONS.

PREMIÈRE CONJUGAISON | SECONDE CONJUGAISON
EN-ER. | NON-EN-ER.

INFINITIF-SUBSTANTIF.

PRÉSENT.

Temps primitif. = *Quatre formes de terminaisons, 1.re conjugaison :* er. — *2.e conjugaison :* ir, oir, re.

Termin *er*. | Sort *ir* , (recev *oir*, plai *re*.)

PARFAIT.

Temps composé, formé avec le présent de l'infinitif de l'auxiliaire.

Avoir terminé. | *Être* sorti.

INFINITIF-ADJECTIF ou PARTICIPE.

PRÉSENT.

Temps primitif. = *Une forme de terminaison :* ant.

Termin *ant*. | Sort *ant*.

PASSÉ SIMPLE.

Temps primitif. = *Cinq formes de terminaisons, 1.re conjugaison :* é. — *2.e conjugaison :* i, u, s, t.

Termin *é*. | Sort *i*, (ven *u*, acqui *s*, ouver *t*.)

PASSÉ COMPOSÉ.

Temps composé, formé avec le participe présent de l'auxiliaire (1).

Ayant terminé. | *Étant* sorti.

INDICATIF.

PRÉSENT.

Temps primitif au singulier, et dérivé, au pluriel, du participe présent. = *Deux formes de terminaisons au singulier. 1.re conjugaison :* e, es, e. — *2.e conjugaison :* s, s, t. — *Une forme de terminaisons au pluriel :* ons, ez, ent.

---

(1) Tous les temps composés étant formés avec le participe passé, on indiquera seulement le temps de l'auxiliaire qu'ils prennent.

Le squelette nous invite à la méditation, et nous dit : « J'ai été comme tu es, tu seras comme je suis. »

J'ai lu qu'on perd beaucoup à trop courir le monde.

Il n'est pas nécessaire que je vive, mais bien que je fasse mon devoir.

PREMIÈRE CONJUGAISON. — SECONDE CONJUGAISON.

Je termin *e*.	Je sor *s*.
Tu termin *es*.	Tu sor *s*.
Il termin *e*.	Il sor *t*.
Nous termin *ons*.	Nous sort *ons*.
Vous termin *ez*.	Vous sort *ez*.
Ils termin *ent*.	Ils sort *ent*.

IMPARFAIT.

Temps dérivé du participe présent. = *Une forme de termi-naisons :* **ais, ais, ait, ions, iez, aient.**

Je termin *ais*.	Je sort *ais*.
Tu termin *ais*.	Tu sort *ais*.
Il termin *ait*.	Il sort *ait*.
Nous termin *ions*.	Nous sort *ions*.
Vous termin *iez*.	Vous sort *iez*.
Ils termin *aient*.	Ils sort *aient*.

PARFAIT DÉFINI.

Temps primitif. = *Deux formes de terminaisons,* 1.re *con-jugaison :* **ai, as, a, âmes, âtes, èrent.** — 2.e *conjugaison :* **s, s, t, mes, tes, rent.**

Je termin *ai*.	Je sorti *s*.
Tu termin *as*.	Tu sorti *s*.
Il termin *a*.	Il sorti *t*.
Nous termin *âmes*. (1)	Nous sortî *mes*.
Vous termin *âtes*.	Vous sortî *tes*.
Ils termin *èrent*.	Ils sorti *rent*.

FUTUR ABSOLU.

Temps dérivé du présent de l'infinitif. = *Une forme de ter-minaisons :* **rai, ras, ra, rons, rez, ront.**

Je termine *rai*.	Je sorti *rai*.
Tu termine *ras*.	Tu sorti *ras*.
Il termine *ra*.	Il sorti *ra*.
Nous termine *rons*.	Nous sorti *rons*.
Vous termine *rez*.	Vous sorti *rez*.
Ils termine *ront*.	Ils sorti *ront*.

---

(1) La première et la seconde personne du pluriel du parfait défini prennent l'accent circonflexe sur la voyelle qui précède *mes*, *tes*. On met un accent grave sur *èrent*, à la troisième personne plurielle.

Aie bâti ta maison pour le jour où tu devras l'habiter.

Si tu es monté, fais en sorte qu'on ne désire point de te voir tombé.

Les romans exaltent la tête et refroidissent le cœur.

PREMIÈRE CONJUGAISON. — SECONDE CONJUGAISON.

PARFAIT INDÉFINI.

Temps composé, formé avec le présent de l'indicatif de l'auxiliaire.

J'ai terminé.	Je *suis* sorti.
Tu *as* terminé.	Tu *es* sorti.
Il *a* terminé.	Il *est* sorti.
Nous *avons* terminé.	Nous *sommes* sortis.
Vous *avez* terminé.	Vous *êtes* sortis.
Ils *ont* terminé.	Ils *sont* sortis.

PLUS-QUE-PARFAIT.

Temps composé, formé avec l'imparfait de l'indicatif de l'auxiliaire.

J'*avais* terminé.	J'*étais* sorti.
Tu *avais* terminé.	Tu *étais* sorti.
Il *avait* terminé.	Il *était* sorti.
Nous *avions* terminé.	Nous *étions* sortis.
Vous *aviez* terminé	Vous *étiez* sortis.
Ils *avaient* terminé.	Ils *étaient* sortis.

PARFAIT ANTÉRIEUR DÉFINI.

Temps composé, formé avec le parfait défini de l'auxiliaire.

J'*eus* terminé.	Je *fus* sorti.
Tu *eus* terminé.	Tu *fus* sorti.
Il *eut* terminé.	Il *fut* sorti.
Nous *eûmes* terminé.	Nous *fûmes* sortis.
Vous *eûtes* terminé.	Vous *fûtes* sortis.
Ils *eurent* terminé.	Ils *furent* sortis.

PARFAIT ANTÉRIEUR INDÉFINI.

Temps composé, formé avec le parfait indéfini de l'auxiliaire.

J'*ai eu* terminé.	J'*ai été* sorti.
Tu *as eu* terminé.	Tu *as été* sorti.
Il *a eu* terminé.	Il *a été* sorti.
Nous *avons eu* terminé.	Nous *avons été* sortis.
Vous *avez eu* terminé.	Vous *avez été* sortis.
Ils *ont eu* terminé.	Ils *ont été* sortis.

Il faut étudier pour éviter l'ennui : le savoir est l'aliment de l'esprit.

Celui qui donne aux pauvres, place son argent dans le ciel.

Faire mieux est une douce vengeance contre ceux qui nous donnent de la jalousie en faisant bien.

Celui qui, à vingt ans, ne sait rien, ne travaille pas à trente,

PREMIÈRE CONJUGAISON. — SECONDE CONJUGAISON.

FUTUR ANTÉRIEUR.

Temps composé, formé avec le futur absolu de l'indicatif de l'auxiliaire.

J'*aurai* terminé.	Je *serai* sorti.
Tu *auras* terminé.	Tu *seras* sorti.
Il *aura* terminé.	Il *sera* sorti.
Nous *aurons* terminé.	Nous *serons* sortis.
Vous *aurez* terminé.	Vous *serez* sortis.
Ils *auront* terminé.	Ils *seront* sortis.

CONDITIONNEL.

PRÉSENT ou FUTUR.

Temps dérivé du présent de l'infinitif. = *Une forme de terminaisons :* **rais, rais, rait, rions, riez, raient.**

Je termine *rais.*	Je sorti *rais.*
Tu termine *rais.*	Tu sorti *rais.*
Il termine *rait.*	Il sorti *rait.*
Nous termine *rions.*	Nous sorti *rions.*
Vous termine *riez.*	Vous sorti *riez.*
Ils termine *raient.*	Ils sorti *raient.*

PARFAIT.

Temps composé, formé avec le présent du conditionnel de l'auxiliaire.

J'*aurais* terminé.	Je *serais* sorti.
Tu *aurais* terminé.	Tu *serais* sorti.
Il *aurait* terminé.	Il *serait* sorti.
Nous *aurions* terminé.	Nous *serions* sortis.
Vous *auriez* terminé.	Vous *seriez* sortis.
Ils *auraient* terminé.	Ils *seraient* sortis.

PLUS-QUE-PARFAIT.

Temps composé, formé avec l'imparfait du subjonctif de l'auxiliaire.

J'*eusse* terminé.	Je *fusse* sorti.
Tu *eusses* terminé.	Tu *fusses* sorti.
Il *eût* terminé.	Il *fût* sorti.
Nous *eussions* terminé.	Nous *fussions* sortis.
Vous *eussiez* terminé.	Vous *fussiez* sortis.
Ils *eussent* terminé.	Ils *fussent* sortis.

---

n'a rien acquis à quarante, ne saura, ne fera, et n'aura jamais rien.

Dites ce que vous êtes, on pourra dire ce que vous pensez.

L'enfance aspire à la vie ; l'adolescence la savoure ; la jeu-

PREMIÈRE CONJUGAISON. — SECONDE CONJUGAISON.

IMPÉRATIF.

FUTUR ABSOLU.

Temps dérivé, au singulier, du présent de l'indicatif, et, au pluriel, du participe présent.=Deux formes de terminaisons au singulier, 1.re conjugaison : e. — 2.e conjugaison : s. — Une forme de terminaisons au pluriel : ons, ez.

Termin *e.*	Sor *s.*
Termin *ons.*	Sort *ons.*
Termin *ez.*	Sort *es.*

FUTUR ANTÉRIEUR.

Temps composé, formé avec le futur absolu de l'impératif de l'auxiliaire.

Aie terminé.	*Sois* sorti.
Ayons terminé.	*Soyons* sortis.
Ayez terminé.	*Soyez* sortis.

SUBJONCTIF.

PRÉSENT ou FUTUR.

Temps dérivé du participe présent. = Une forme de terminaisons : e, es, e, ions, iez, ent.

Que je termin *e.*	Que je sort *e.*
Que tu termin *es.*	Que tu sort *es.*
Qu'il termin *e.*	Qu'il sort *e.*
Que nous termin *ions.*	Que nous sort *ions.*
Que vous termin *iez.*	Que vous sort *iez.*
Qu'ils termin *ent.*	Qu'ils sort *ent.*

IMPARFAIT.

Temps dérivé du parfait défini. = Une forme de terminaisons : sse, sses, t, ssions, ssiez, ssent.

Que je termina *sse,* (1)	Que je sorti *sse,*
Que tu termina *sses.*	Que tu sorti *sses.*

---

(1) Les terminaisons de ce temps sont toujours précédées du son *a*, dans les verbes de la première conjugaison ; et de l'un des sons *i, u, in*, dans les autres verbes. Les mêmes sons se remarquent aussi au parfait défini : *Je reçus, que je reçusse ; Je devins, que je devinsse.*

---

nesse s'en enivre ; l'âge mûr la goûte ; la vieillesse la regrette ; la caducité s'y accoutume.

Si vous entendez dire d'un homme beaucoup de mal et de bien, croyez que ce n'est pas un homme ordinaire ; puis étudiez ses juges.

PREMIÈRE CONJUGAISON. — SECONDE CONJUGAISON.

Qu'il termina *t*. (1)	Qu'il sorti *t*.
Que nous termina *ssions*.	Que nous sorti *ssions*.
Que vous termina *ssiez*.	Que vous sorti *ssiez*.
Qu'ils termina *ssent*.	Qu'ils sorti *ssent*.

PARFAIT.

Temps composé, formé avec le présent du subjonctif de l'auxiliaire.

Que j'*aie* terminé.	Que je *sois* sorti.
Que tu *aies* terminé.	Que tu *sois* sorti.
Qu'il *ait* terminé.	Qu'il *soit* sorti.
Que nous *ayons* terminé.	Que nous *soyons* sortis.
Que vous *ayez* terminé.	Que vous *soyez* sortis.
Qu'ils *aient* terminé.	Qu'ils *soient* sortis.

PLUS-QUE-PARFAIT.

Temps composé, formé avec l'imparfait du subjonctif de l'auxiliaire.

Que j'*eusse* terminé.	Que je *fusse* sorti.
Que tu *eusses* terminé.	Que tu *fusses* sorti.
Qu'il *eût* terminé.	Qu'il *fût* sorti.
Que nous *eussions* terminé.	Que nous *fussions* sortis.
Que vous *eussiez* terminé.	Que vous *fussiez* sortis.
Qu'ils *eussent* terminé.	Qu'ils *fussent* sortis.

REMARQUES GÉNÉRALES SUR LES TERMINAISONS DES TEMPS.

207. — Les terminaisons générales des temps sont,

1.º Au singulier, à la première personne : *e*, *s*, *ai*; — à la seconde : *es*, *e*, *s*, *as*; — à la troisième : *e*, *t*, *a*;

2.º Au pluriel, à la première personne : *ons*, *mes*; — à la seconde : *ez*, *tes*; — à la troisième : *ent*, *ont*.

---

(1) La troisième personne du singulier de ce temps prend un accent circonflexe sur la voyelle qui précède le *t*.

Il n'est pas ordinaire que celui qui fait rire les autres s'en fasse estimer.

Le succès d'un bon mot dépend plus de l'oreille qui l'entend que de la langue qui le dit.

Il ne suffit point de faire de grands pas pour arriver ; il faut marcher droit.

208. — *Exceptions.* — 1.º Les verbes en *aincre*, comme *convaincre*, se terminent, à la troisième personne du singulier du présent de l'indicatif, par *c* : *Il convainc*.

2.º Les verbes en *dre* qui ne font pas *indre* ou *soudre* au présent de l'infinitif, se terminent, à la troisième personne du singulier du présent de l'indicatif, par *d* : *Il rend, il répond*.

3.º Les trois verbes *vouloir, valoir* et *pouvoir*, se terminent par *x*, à la première et à la seconde personne du singulier du présent de l'indicatif : *Je veux, tu veux ; Je vaux, tu vaux ; Je peux, tu peux.*

CONJUGAISON DES VERBES PRONOMINAUX ET DES VERBES UNIPERSONNELS.

209. — La conjugaison des verbes pronominaux est la même que celle des autres verbes ; il est seulement à remarquer que chaque temps est accompagné, à toutes ses personnes, d'un pronom régime de la même personne, du même genre et du même nombre que le sujet.

210. — Dans les verbes unipersonnels, la troisième personne du singulier étant seule usitée aux temps personnels, la terminaison de cette troisième personne et la formation des dérivés sont tout-à-fait conformes à ce qui a été vu dans les modèles des deux conjugaisons.

211. — MODÈLES DE CONJUGAISON

DE VERBE PRONOMINAL ET DE VERB UNIPERSONNEL.

INFINITIF-SUBSTANTIF.

PRÉSENT.

Se repent *ir*.	Pleuv *oir*.

PROCÉDÉ. — Indiquer : 1.º *L'accord de chaque verbe avec son sujet ; —* 2.º *Le nombre et la personne des verbes ; —* 3.º *Le mode où ils se trouvent ; —* 4.º *Le temps. Dire si c'est un temps simple ou composé, primitif ou dérivé. Conjuguer le*

PARFAIT.

S'*être* repenti. | *Avoir* plu.

INFINITIF-ADJECTIF ou PARTICIPE.

PRÉSENT.

Se repent *ant*. | Pleuv *ant*.

PASSÉ SIMPLE (1).

Repent *i*. | Pl *u*.

PASSÉ COMPOSÉ.

S'*étant* repenti. | *Ayant* plu.

INDICATIF.

PRÉSENT.

Je *me* repen *s*.
Tu *te* repen *s*.
Il *se* repen *t*. | Il pleu *t*.
Nous *nous* repent *ons*.
Vous *vous* repent *ez*.
Ils *se* repent *ent*.

IMPARFAIT.

Je me repent *ais* (2). | Il pleuv *ait*.

PARFAIT DÉFINI.

Je me repenti *s*. | Il plu *t*.

FUTUR ABSOLU.

Je me repenti *rai*. | Il pleuv *ra*.

PARFAIT INDÉFINI.

Je me *suis* repenti. | Il *a* plu.

PLUS-QUE-PARFAIT.

Je m'*étais* repenti. | Il *avait* plu.

---

(1) Le participe passé de ces deux verbes ne s'emploie que joint à un auxiliaire.

(2) En conjuguant toutes les personnes de chaque temps, on emploiera les mêmes pronoms régimes qu'au présent de l'indicatif.

---

temps, s'il appartient à un mode personnel. — 5.° *Dire de quelle conjugaison est chaque verbe.* — 6.° *Conjuguer sur terminer, avec avoir : les verbes* parler, marcher, désirer, etc. ; *et avec être : les verbes* tomber, arriver, entrer. — *Conjuguer*

PARFAIT ANTÉRIEUR DÉFINI.

Je me *fus* repenti. | Il *eut* plu.

PARFAIT ANTÉRIEUR INDÉFINI.

(*Inusité*). | Il *a eu* plu.

FUTUR ANTÉRIEUR.

Je me *serai* repenti. | Il *aura* plu.

CONDITIONNEL.

PRÉSENT ou FUTUR.

Je me repenti *rais*. | Il pleuv *rait*.

PARFAIT.

Je me *serais* repenti. | Il *aurait* plu.

PLUS-QUE-PARFAIT.

Je me *fusse* repenti. | Il *eût* plu.

IMPÉRATIF.

FUTUR ABSOLU.

Repen *s*-toi. | *Ce temps manque, parce*
Repent *ons*-nous. | *que l'impératif n'a pas de*
Repent *ez*-vous. (1). | 3.*e* *personne.*

FUTUR ANTÉRIEUR.

Ce temps manque dans les deux verbes.

SUBJONCTIF.

PRÉSENT ou FUTUR.

Que je me repent *e*. | Qu'il pleuv *e*.

IMPARFAIT.

Que je me repenti *sse*. | Qu'il plu *t*.

PARFAIT.

Que je me *sois* repenti. | Qu'il *ait* plu.

PLUS-QUE-PARFAIT.

Que je me *fusse* repenti. | Qu'il *eût* plu.

---

(1) On remarquera qu'à l'impératif le pronom régime se rejette après le verbe.

---

sur sortir, *avec* avoir : *les verbes* finir, recevoir, paraître, *et avec* être : *les verbes* partir, naître. — 7.º *Conjuguer comme* se repentir : *les verbes* se souvenir, se tromper ; *et comme* pleuvoir : *les verbes* falloir, tonner.

TREIZIÈME LEÇON.

VERBES DÉFECTIFS. **212.** — On appelle verbes *défectifs*, ceux qui manquent de certains temps ou de certaines personnes ; ainsi, *absoudre* est défectif, parcequ'il ne s'emploie ni au parfait défini, ni à l'imparfait du subjonctif ; *braire*, *bruire*, *choir*, *clore*, *éclore*, *saillir*, etc. sont également des verbes défectifs.

VERBES IRRÉGULIERS. **213** — Un verbe est *irrégulier* lorsqu'il ne suit pas dans quelqu'un de ses temps les règles de la conjugaison.

214. — Un temps est irrégulier,

1.º Dans son radical, lorsqu'il n'a pas le même radical que son primitif ; Ex.: Temps primitif : *Aller* ; — Temps dérivés : *J'irai, j'irais ;*

2.º Dans sa terminaison, lorsqu'elle n'est pas semblable à celle de la conjugaison à laquelle le verbe appartient ; Ex.: *Aller*, je VAIS. *Ouvrir*, j'OUVRE. *Vouloir*, je VEUX.

215. — SÉRIE DE VERBES IRRÉGULIERS. (1)

1.º ALLER, ALLANT, ALLÉ OU ÉTÉ, JE VAIS, J'ALLAI.

Présent de l'indicatif : *Je vais, tu vas, il va, ils vont.* — Futur absolu de l'indicatif : *J'irai, tu iras,* etc. — Présent du

---

(1) On se bornera à indiquer les temps primitifs des verbes irréguliers et les personnes qui sont irrégulières dans chaque temps. On citera seulement les deux premières personnes d'un temps, lorsque la même irrégularité se trouvera dans toutes ses personnes.

TREIZIÈME ET QUATORZIÈME LEÇON.

QUESTIONNAIRE. — 212.º *Qu'est-ce que les verbes défectifs ?* — 213.º *Qu'est-ce qu'un verbe irrégulier ?* — 214.º *Comment un temps est-il irrégulier ?* — 215.º *Quelles sont les irrégularités des verbes* aller, envoyer, acquérir, assaillir, asseoir, boire, courir, cueillir, déchoir, dire, faillir, faire, falloir, mourir, mouvoir, pouvoir, prendre, recevoir, saillir, savoir, seoir, tenir, vaincre, valoir, venir, voir, vouloir ?* — 216.º *Qu'y-a-il de particulier dans l'orthographe des verbes en* ger ?* — 217.º *Dans l'orthographe des verbes en* ayer, oyer, uyer, *et des verbes terminés au participe présent par* ayant,

conditionnel : *J'irais, tu irais,* etc. — Futur absolu de l'impératif : *Va.* — Présent du subjonctif : *Que j'aille, que tu ailles, qu'il aille, qu'ils aillent.*

2.° ENVOYER, ENVOYANT, ENVOYÉ, J'ENVOIE, J'ENVOYAI.
Futur abs. de l'ind. : *J'enverrai, tu enverras,* etc. — Prés. du cond. : *J'enverrais, tu enverrais,* etc.

De même pour le composé *renvoyer.*

3.° ACQUÉRIR, ACQUÉRANT, ACQUIS, J'ACQUIERS, J'ACQUIS.
Prés. de l'ind. : *Ils acquièrent.* — Futur abs. de l'ind. : *J'acquerrai, tu acquerras,* etc. — Prés. du cond. : *J'acquerrais, tu acquerrais,* etc.

Prés. du subj : *Que j'acquière, que tu acquières, qu'il acquière, qu'ils acquièrent.*

De même pour *conquérir, requérir, s'enquérir.*

4.° ASSAILLIR, ASSAILLANT, ASSAILLI, J'ASSAILLE, J'ASSAILLIS.
Présent de l'ind. : *J'assaille, tu assailles, il assaille.* — Futur abs. de l'imp. : *Assaille.*

De même pour *tressaillir.*

ASSEOIR, ASSEYANT OU ASSOYANT, ASSIS, J'ASSIEDS OU J'ASSEOIS, J'ASSIS.
Fut. abs. de l'ind. : *J'assiérai, j'asseyerai* ou *j'assoirai, tu asssiéras,* etc. — Prés. du cond. : *J'assiérais, j'asseyerais* ou *j'assoirais, tu assiérais,* etc.

6.° BOIRE, BUVANT, BU, JE BOIS, JE BUS.
Prés. de l'ind. : *Ils boivent.* — Prés. du subj. : *Que je boive, que tu boives, qu'il boive, qu'ils boivent.*

7.° COURIR, COURANT, COURU, JE COURS, JE COURUS.
Fut. abs. de l'ind. : *Je courrai, tu courras,* etc. — Prés. du cond. : *Je courrais, tu courrais,* etc.

8.° CUEILLIR, CUEILLANT, CUEILLI, JE CUEILLE, JE CUEILLIS.
Prés. de l'ind. : *Je cueille, tu cueilles, il cueille.* — Futur

---

abs. de l'ind. ; *Je cueillerai, tu cueilleras*, etc. — Prés. du cond. : *Je cueillerais, tu cueillerais*, etc. — Fut. abs. de l'imp. : *Cueille.*

De même pour les composés *accueillir, recueillir.*

Les verbes en *cueillir, aillir, frir* et *vrir*, comme *cueillir, assaillir, offrir, ouvrir*, ont, au singulier du présent de l'indicatif, les mêmes terminaisons que les verbes en *er* ; ainsi, *Je cueille, j'assaille, j'offre, j'ouvre.* Excepté *jaillir* ; et quelquefois, *saillir.*

9.° DÉCHOIR, DÉCHÉANT, DÉCHU, JE DÉCHOIS, JE DÉCHUS.

Prés. de l'ind. : *Nous déchoyons, vous déchoyez, ils déchoient.* — Fut. abs. de l'ind. : *Je décherrai, tu décherras*, etc. — Prés. du cond. : *Je décherrais, tu décherrais*, etc. — Prés. du subj. : *Que je déchoie, que tu déchoies, qu'il déchoie, que nous déchoyons*, etc.

De même pour *échoir*, usité seulement à la troisième personne du singulier du présent de l'indicatif, *Il échoit*, ou *il échet*, et aux temps simples qui suivent : *Échoir, échéant, échu, j'échus, j'écherrai, j'écherrais, que j'échusse.*

Choir, qui est le primitif des verbes *déchoir* et *échoir*, ne se dit guère qu'au présent de l'infinitif et au participe passé, *chu*. Ce verbe a vieilli.

10.° DIRE, DISANT, DIT, JE DIS, JE DIS.

Prés. de l'ind. : *Vous dites.* — Fut. abs. de l'imp. : *dites.*

De même pour le composé *redire* : *Vous redites.* Les autres dérivés de *dire* sont réguliers.

11.° FAILLIR, FAILLANT, FAILLI, JE FAUX, JE FAILLIS.

Prés. de l'ind. : *Je faux, tu faux.* — Fut. abs. de l'ind. : *Je faudrai.* — Prés. du cond. : *Je faudrais.* Ce verbe est inusité dans plusieurs de ses temps.

12.° FAIRE, FAISANT, FAIT, JE FAIS, JE FIS.

Prés. de l'ind. : *Vous faites, ils font.* — Fut. abs. de l'ind. : *Je ferai, tu feras*, etc. — Prés. du cond. : *Je ferais, tu fe-*

Quels sont les verbes qui se terminent par andre *avec la lettre* a *?* — 228.° *Qu'est-ce qu'un verbe de forme interrogative ?* — 229.° *Quels temps prennent la forme interrogative ?* — 230.° *Qu'y a-t-il à remarquer dans un verbe de forme interrogative ?* — 231.° *Dans quel cas la forme interrogative ne peut-elle être employée ?* — 232.° *Conjuguer un verbe de forme interrogative.*

EXERCICE. — On ne peut vaincre les passions qu'en fuyant leur objet.

Les succès couvrent les fautes, les revers les rappellent.

La crainte revient souvent à celui qui l'envoie.

On ne monte jamais si haut en révolution que lorsqu'on ne sait pas où l'on va.

On perd beaucoup de soi quand on n'acquiert rien.

rais, etc. — Fut. abs. de l'imp. : *Faites*. — Prés. du subj. : *Que je fasse, que tu fasses*, etc.

De même pour les composés *contrefaire, défaire, refaire, satisfaire, surfaire*, etc.

13.° FALLOIR, FALLU, IL FAUT, IL FALLUT.

Inusité au participe présent; usité à l'imparfait de l'indicatif, *il fallait*, et au présent du subjonctif, *qu'il faille*. — Fut. abs. de l'ind. : *Il faudra*. — Prés. du cond. : *Il faudrait*.

14.° MOURIR, MOURANT, MORT, JE MEURS, JE MOURUS.

Prés. de l'ind. : *Ils meurent*. — Fut. abs. de l'ind. : *Je mourrai*. — Prés. du cond. : *Je mourrais*. — Prés. du subj. : *Que je meure, que tu meures, qu'il meure, qu'ils meurent*.

15.° MOUVOIR, MOUVANT, MÛ, JE MEUS, JE MUS.

Prés. de l'ind. : *Ils meuvent*. — Prés. du subj. : *Que je meuve, que tu meuves, qu'il meuve, qu'ils meuvent*.

De même pour le composé *émouvoir*.

16.° POUVOIR, POUVANT, PU, JE PEUX OU JE PUIS, JE PUS.

Prés. de l'ind. : *Je peux, tu peux, ils peuvent*. — Fut. abs. de l'ind. : *Je pourrai, tu pourras*, etc. — Prés. du cond. : *Je pourrais, tu pourrais*, etc. — Prés. du subj. : *Que je puisse, que tu puisses*, etc.

17.° PRENDRE, PRENANT, PRIS, JE PRENDS, JE PRIS.

Prés. de l'ind. : *Ils prennent*. — Prés. du subj. : *Que je prenne, que tu prennes, qu'il prenne, qu'ils prennent*.

De même pour tous les composés, *apprendre, comprendre, surprendre*, etc.

18.° RECEVOIR, RECEVANT, REÇU, JE REÇOIS, JE REÇUS.

Prés. de l'ind. : *Ils reçoivent*. — Prés. du subj. : *Que je reçoive, que tu reçoives, qu'il reçoive, qu'ils reçoivent*.

De même pour tous les verbes en *evoir*, comme *devoir, percevoir*, etc.

19.° SAILLIR, SAILLISSANT, SAILLI, JE SAILLIS, JE SAILLIS.

Il est régulier, lorsqu'il signifie, Jaillir. — Il fait au fut. abs.

Lorsque les rois ont éloigné l'opinion publique de leurs trônes, elle s'est assise sur leurs cercueils.

Les hommes faibles hurlent avec les loups, braient avec les ânes, et bêlent avec les moutons.

La guerre pervertit l'homme et fait éclore en lui la férocité.

La rose n'a d'épines que pour celui qui veut la cueillir.

Le sage ne dit pas ce qu'il fait, mais il ne fait rien qui ne puisse être dit.

Les femmes ne doivent rien voir qu'à travers le voile de la modestie.

La résignation naît quand l'espérance meurt.

Méfiez-vous de la froide douceur : c'est l'onde unie qui recèle un abîme.

Ne promettez jamais que ce que vous voulez et pouvez tenir.

de l'ind. : *Je saillirai*; et au prés. du cond. : *Je saillirais.* — Il est irrégulier, lorsqu'il signifie, Être en saillie. Il fait : *Saillant, il saille, il saillait, il saillera, il saillerait.*

20.º SAVOIR, SACHANT, SU, JE SAIS, JE SUS.

Prés. de l'ind.: *Nous savons, vous savez, ils savent.* — Imp. de l'ind. : *Je savais, tu savais,* etc. — Fut. abs. de l'ind. : *Je saurai, tu sauras,* etc. — Prés. du cond : *Je saurais, tu saurais,* etc. — Le fut. abs. de l'imp. et le présent du subj. font régulièrement : *Sache, sachons, sachez. Que je sache, que tu saches,* etc.

21.º SEOIR, signifiant, Être assis, être situé, n'est guère en usage qu'à ses participes *séant, sis,* féminin, *sise.* — *Seoir,* signifiant, Être convenable, n'est usité que dans *seyant,* et aux troisièmes personnes, *Il sied, ils siéent; Il seyait, ils seyaient; Il siéra, ils siéront; Il siérait, ils siéraient; Qu'il seye, qu'ils seyent.*

22.º TENIR, TENANT, TENU, JE TIENS, JE TINS.

Prés. de l'ind. : *Ils tiennent.* — Fut. abs. de l'ind. : *Je tiendrai, tu tiendras,* etc. — Prés. du cond. : *Je tiendrais, tu tiendrais,* etc. — Prés. du subj. : *Que je tienne, que tu tiennes,* etc. De même pour tous les composés, *retenir, soutenir, contenir,* etc.

23.º VAINCRE, VAINQUANT, VAINCU, JE VAINCS, JE VAINQUIS.

Prés. de l'ind. : *Il vainc.* — De même pour son dérivé *convaincre.*

24.º VALOIR, VALANT, VALU, JE VAUX, JE VALUS.

Prés. de l'ind. : *Je vaux, tu vaux.* — Fut. abs. de l'ind. : *Je vaudrai, tu vaudras,* etc. — Prés. du cond. : *Je vaudrais, tu vaudrais,* etc. — Prés. du subj. : *Que je vaille, que tu vailles, qu'il vaille, qu'ils vaillent.* — Le dérivé *prévaloir* est régulier au prés. du subj., et fait, *Que je prévale.*

25.º VENIR, VENANT, VENU, JE VIENS, JE VINS.

Prés. de l'ind. : *Ils viennent.* — Fut. abs. de l'ind. : *Je vien-*

Les hommes sont très-souvent mus par deux principes opposés : l'intérêt et la vanité.

Nous jugeons mal ceux qui nous sont supérieurs.

On augmente son crédit quand on l'emploie pour la justice et pour l'amitié.

Vous croyez détourner de vous la médisance en calomniant les autres ; le public ne prend pas le change, il croit tout.

N'appelez point grand celui qui n'est pas maître de lui-même.

Le bonheur chancelle lorsqu'il s'appuie sur la fortune.

L'uniformité abrége la vie ; les changements la renouvellent.

Jamais le sentiment de nos faiblesses ne doit nous jeter dans le découragement.

drai, *tu viendras*, etc. — Prés. du cond. : *Je viendrais*, *tu viendrais*, etc. — Prés. du subj. : *Que je vienne*, *que tu viennes*, *qu'il vienne*, *qu'ils viennent*.

De même pour tous les composés, *convenir*, *parvenir*, *devenir*, etc.

26.° VOIR, VOYANT, VU, JE VOIS, JE VIS.

Fut. abs. de l'ind. : *Je verrai*, *tu verras*, etc. — Prés. du cond. : *Je verrais*, *tu verrais*, etc. — Son dérivé *pourvoir* fait : *Je pourvoirai*, *je pourvoirais*.

27.° VOULOIR, VOULANT, VOULU, JE VEUX, JE VOULUS.

Prés. de l'ind. : *Je veux*, *tu veux*, *ils veulent*. — Fut. abs. de l'ind. : *Je voudrai*, *tu voudras*, etc. — Prés. du cond. : *Je voudrais*, etc. — Fut. abs. de l'imp. : *Veuillez*. — Prés. du subj. : *Que je veuille*, *que tu veuilles*, *qu'il veuille*, *qu'ils veuillent*.

QUATORZIÈME LEÇON.

OBSERVATIONS SUR L'ORTHOGRAPHE DE QUELQUES VERBES. **216.** — Les verbes en *ger* ajoutent un *e* muet à leur radical devant *a*, *o*, pour donner au *g* la prononciation du *j* ; Ex. : MANGER, *nous mangeons*, *il mangea*. CHANGER, *nous changeons*, *il changeait*.

217. — Les verbes en *ayer*, *oyer*, *uyer*, comme *payer*, *employer*, *essuyer*, et tous ceux qui ont le participe présent en *ayant*, *oyant* ou *uyant*, comme AVOIR, *ayant* ; VOIR, *voyant* ; FUIR, *fuyant* ; changent *y* en *i* devant un *e* muet ; Ex. : *Payer*, *je paie*. *Employer*, *tu emploies*. *Essuyer*, *ils essuient*. *Ayant*, *que j'aie*. *Voyant*, *que je voie*. *Fuyant*, *ils fuient*. — On peut cependant conserver l'*y* dans les verbes en *ayer* ; ainsi, *Il paye* ; *Il balaye*.

218. — Dans les verbes dont le participe présent est en *ayant* ou *iant*, l'imparfait de l'indicatif et le présent du subjonctif ont, aux deux premières personnes du pluriel, la voyelle *y* ou *i* du radical sui-

---

On ne complète le bonheur qu'avec un peu d'illusion.

La joie du méchant inquiète l'honnête homme.

Quand les rois se mêlent de la religion, au lieu de la protéger, ils la mettent en tutelle.

Espère peu et ne désespère de rien, c'est le moyen de vivre tranquille.

vie des terminaisons *ions*, *iez*; Ex. : PRIANT, *je priais, nous priions, vous priiez.* CROYANT, *que nous croyions, que vous croyiez.*

219. — Les verbes en *eler* et en *eter*, comme *appeler, projeter*, doublent la consonne finale du radical, *l* ou *t*, devant un *e* muet ; Ex. : *Vous appelez, j'appelle. Il projeta, il projettera.*

220. — *Exceptions.* — Il faut en excepter *bourreler, déceler, démanteler, écarteler, geler, harceler, marteler, peler, acheter, becqueter, caqueter, étiqueter, voleter*, qui, au lieu de doubler la consonne *l* ou *t* devant un *e* muet, changent seulement en *è* ouvert, l'*e* muet qui précède *l* ou *t*; Ex. : *Il bourrèle, il décèle, il achète*, etc.

221. — A l'exception des verbes en *eler* ou en *eter*, qui doublent la consonne *l* ou *t* devant un *e* muet, tous les verbes en *er*, comme *lever, céler*, changent, en *è* ouvert, l'*e* muet ou l'*é* fermé qui précède la consonne finale du radical suivie d'un *e* muet ; Ex. : *Mener, il mène. Semer, il sème. Lever, il lève. Céder, il cède. Espérer, il espère. Céler, il cèle. Inquiéter, il inquiète.* — On conserve cependant l'*é* fermé dans les verbes en *éger* : *Il abrége, il assiége, il protége*, etc.

222. — *Haïr* prend un tréma sur l'*ï*, dans tous ses temps, excepté au singulier du présent de l'indicatif et du futur absolu de l'impératif; Ex. : *Nous haïssons, je haïrais. — Je hais, tu hais, il hait; hais le vice.*

La crainte hait ceux qu'elle est obligée de louer.

Les grands haïssent la vérité, parce qu'elle les rend haïssables.

Quel arbre fleurit dans tous les temps? quel pays peut compter être toujours florissant ?

Faites du bien aux hommes et vous serez béni, voilà la vraie gloire !

Les mauvaises nouvelles sont répandues par les mauvais esprits et les mauvais cœurs.

Voulez-vous vous faire pardonner votre mérite ? soyez modeste.

223. — *Bénir* fait au participe passé,

1.º *Bénit, bénite*, en parlant de certaines choses sur lesquelles la bénédiction du prêtre a été donnée avec les cérémonies prescrites ; Ex. : *De l'eau bénite. Du pain bénit. Les drapeaux ont été bénits.*

2.º Il fait *Béni, bénie*, dans toute autre acception ; Ex. : *Un peuple béni de Dieu. Vous êtes bénie entre toutes les femmes.*

224. — *Fleurir* a deux radicaux au participe présent et à l'imparfait de l'indicatif.

1.º Il fait *fleurissant, il fleurissait*, signifiant, Qui pousse des fleurs, qui est fleuri ; Ex. : *Les prés fleurissant au printemps. Les arbres fleurissaient.*

2.º On dit *florissant, il florissait*, signifiant, Qui est dans un état brillant, prospère ; qui est en honneur, en crédit, en vogue ; Ex. : *Le commerce florissant. L'empire florissait.*

225. — Le participe passé des verbes *devoir, redevoir, mouvoir* et *croître*, prend un accent circonflexe, excepté au féminin ainsi qu'au pluriel ; Ex. : *Cet argent m'est dû. Je lui ai redû dix francs. Il est mû par l'intérêt. Cet arbre a crû beaucoup. — Cette somme m'est due. Ils sont mus par l'intérêt.*

226. — Les verbes dont l'infinitif présent est terminé par *ire*, se distinguent de ceux qui, au même temps, sont terminés par *ir*, en ce que les premiers ont seuls le participe présent en *isant* ou *ivant* ; Ex. : *Produire, produisant. Écrire, écrivant. — Finir, finissant. Sortir, sortant.*

Il faut en excepter *maudire, rire, sourire, bruire,*

Sans la raison, que fait-on de l'esprit ? le malheur des autres et le sien.

Une sottise ne doit jamais se répéter, fût-elle saupoudrée d'esprit.

Que pardonne-t-on le moins ? c'est l'ironie.

Lorsque nous avons fait l'aumône, n'avons-nous pas regardé si l'on nous voyait ?

PROCÉDÉ. — Indiquer : 1.º *Les verbes défectifs ;* — 2.º *Les verbes irréguliers ;* — 3.º *Les verbes dont l'orthographe*

qui font, *maudissant, riant, souriant, bruyant*; et *frire*, qui n'a pas de participe présent.

227. — De tous les verbes en *endre*, il n'y a que *répandre* et *épandre*, où le son *en* s'écrive par un *a*; tous les autres s'écrivent comme *rendre, prendre*.

VERBE DE FORME INTERROGATIVE. **228**. — On appelle *verbe de forme interrogative*, celui qui est suivi du pronom sujet. En général, on donne cette forme au verbe pour exprimer une interrogation; Ex.: *Ai-je tort? Vient-il? Sortirons-nous? Avez-vous fini?*

229. — Les temps du mode indicatif et du mode conditionnel sont les seuls qui prennent la forme interrogative.

230. — On remarque dans les verbes de forme interrogative, — 1.° que le pronom sujet se joint par un trait d'union au verbe dont il est précédé; — 2.° que l'*e* muet final du verbe se change en *é* fermé devant *je*; Ex.: *Aimé-je? Eussé-je aimé?* — 3.° que, si la troisième personne du singulier se termine par une voyelle, et est suivie des pronoms sujets *il, elle, on*, il faut placer entre le verbe et le pronom, un *t* précédé et suivi d'un trait d'union; Ex.: *Viendra-t-il? Parle-t-elle? Écoute-t-on?* — 4.° que, dans les temps composés, le pronom sujet se place entre l'auxiliaire et le participe passé; Ex.: *Avez - vous écrit? Sont-ils arrivés?*

231. — Certains verbes ne prennent pas la forme interrogative à la première personne du singulier du présent de l'indicatif, lorsque cette personne est

---

donne lieu à quelque remarque particulière;— 4.° Les verbes de forme interrogative. — 5.° Conjuguer au présent de l'indicatif, à l'imparfait de l'indicatif, au parfait défini, au futur absolu de l'impératif et à l'imparfait du subjonctif, affliger, changer, exiger, interroger, loger, manger, obliger, partager, voyager. — 6.° *Conjuguer à l'imparfait de l'indicatif et au présent du subjonctif*, associer, copier, délier, étudier, oublier, balayer, effrayer, payer, aboyer, employer, nettoyer, appuyer, ennuyer, essuyer, croire, voir, fuir. — 7.°

monosyllabe ; ainsi, au lieu de dire : *Rends-je?*
Vends-je? Dors-je? Sors-je? on dit : *Est-ce que je*
rends? Est-ce que je dors? etc. — L'usage permet
cependant de dire : *Ai-je? Suis-je? Vais-je? Dis-je?*
Fais-je? Crois-je? Puis-je? Dois-je? Veux-je?
Vois-je?

232. — MODÈLE DE VERBE

CONJUGUÉ INTERROGATIVEMENT.

INDICATIF.

PRÉSENT.	PARFAIT INDÉFINI.
Terminé-je ?	Ai-je terminé ?
Termines-tu ?	As-tu terminé ?
Termine-t-il ?	A-t-il terminé ?
Terminons-nous ?	Avons-nous terminé ?
Terminez-vous ?	Avez-vous terminé ?
Terminent-ils ?	Ont-ils terminé ?
IMPARFAIT.	**PLUS-QUE-PARFAIT.**
Terminais-je ?	Avais-je terminé ?
Terminions-nous ?	Avions-nous terminé ?
PARFAIT DÉFINI.	**PARFAIT ANTÉRIEUR DÉFINI.**
Terminai-je ?	Eus-je terminé ?
Terminâmes-nous ?	Eûmes-nous terminé ?
FUTUR ABSOLU.	**PARFAIT ANT. INDÉFINI.**
Terminerai-je ?	Ai-je eu terminé ?
Terminerons-nous ?	Avons-nous eu terminé ?

FUTUR ANTÉRIEUR

Aurai-je terminé ?
Aurons-nous terminé ?

CONDITIONNEL.

PRÉSENT.	PARFAIT.
Terminerais-je ?	Aurais-je terminé ?
Terminerions-nous ?	Aurions-nous terminé ?

PLUS-QUE-PARFAIT.

Eussé-je terminé ?
Eussions-nous terminé ?

Conjuguer au futur absolu de l'indicatif et au présent du con-
ditionnel, les verbes précédents en ier, ayer, oyer, *et* uyer.
— 8.° Conjuguer au présent de l'indicatif, au futur absolu
de l'indicatif, au présent du conditionnel, au futur absolu
de l'impératif et au présent du subjonctif, appeler, chance-
ler, dételer, ensorceler, renouveler, coqueter, cacheter,
jeter ; *— 9.° Conjuguer aux mêmes temps,* bourreler, déceler, démanteler, écarteler, geler, barceler, acheter, becqueter, céler, recéler, répéter, inquiéter, lever, mener,
semer, abréger, protéger.

CHAPITRE CINQUIÈME. — DU PARTICIPE.

QUINZIÈME LEÇON.

DÉFINITION DU PARTICIPE. **233.** — Le *Participe* est un modificatif verbal qui se joint à un dénominatif pour marquer, sans affirmation, l'action ou l'état de l'objet nommé ; Ex. : *La Providence* POURVOYANT *à nos besoins*, *a droit à notre amour. La maison est* DÉTRUITE.

234. — Le participe est ainsi nommé, parce qu'il tient du verbe et de l'adjectif. — Il tient du verbe, en ce qu'il a le même radical, qu'il peut avoir le même régime, et qu'il fait partie des temps du verbe. — Il tient de l'adjectif, en ce qu'il se joint à un dénominatif, pour exprimer, comme un adjectif, une manière d'être, sans affirmation.

DIVISIONS DU PARTICIPE. **235.** — Les deux participes simples sont : le participe *présent*, toujours terminé en *ant*, comme *aimant*, *obligeant* ; et le participe *passé*, dont les terminaisons sont, *é*, *i*, *u*, *s*, *t*, comme *aimé*, *sorti*, *reçu*, *pris*, *ouvert*.

236. — ACCORD DU PARTICIPE. — Le participe, soit présent, soit passé, s'accorde lorsqu'il marque

QUINZIÈME LEÇON.

QUESTIONNAIRE. — 233.º *Qu'est-ce que le participe ? —* 234.º *Pourquoi est-il ainsi nommé ? —* 235.º *Quels sont les deux participes simples ? —* 236.º *Quand le participe s'accorde-t-il ? —* 237.º *Quand est-il invariable ? —* 238.º *Comment voit-on que le participe présent marque une qualité et s'accorde ? —* 239.º *Comment voit-on qu'il marque une action et qu'il est invariable ? —* 240.º *Comment s'emploie le participe passé ? —* 241.º *Quelle est la règle concernant le participe passé employé sans auxiliaire ? — Quelle remarque fait-on sur le participe passé après le verbe substantif* être ? — 242.º *Quelle est la règle du participe passé joint à l'auxiliaire* être ? — 243.º *Quelle est la règle d'accord du participe passé joint à* avoir ? — 244.º *Quelle est la règle de non-accord du participe passé joint à* avoir ? — 245.º *Quelle règle suit-on pour le participe passé d'un verbe pronominal ? —* 246.º *Et pour*

un état ou une qualité ; Ex. : *J'aime une personne* OBLIGEANTE. *J'ai vu une mère* AFFLIGÉE.

INVARIABILITÉ DU PARTICIPE. **237**. — Le participe, soit présent, soit passé, est invariable lorsqu'il marque seulement une action ; Ex. ; *J'aime une personne* OBLIGEANT *ses amis. La conduite de cet enfant a* AFFLIGÉ *sa mère.*

PARTICIPE PRÉSENT. **238**. — *Première Règle.* — On voit que le participe présent marque la qualité et s'accorde, lorsqu'on peut le faire précéder du verbe *être*, ou des mots *très, fort, plus, si, aussi, tout-à-fait* ; Ex. : *Ma sœur est* AIMANTE, *très*-CARESSANTE, *fort* OBLIGEANTE. — Le participe présent marquant la qualité, a été aussi nommé *adjectif verbal.*

239. — *Deuxième Règle.* — Le participe présent marque l'action et est invariable, lorsqu'on peut le tourner par le présent de l'infinitif précédé de *faisant l'action de*, de même que toutes les fois qu'il a un régime direct, ou qu'il est précédé du mot *en* ; Ex. : *Les enfants* CARESSANT *leur mère. En* RÉFLÉCHISSANT, *ils comprendront. Les élèves* TRAVAILLANT *avec* zèle, PROFITANT *des leçons,* OBÉISSANT *à leurs maîtres,* c'est-à-dire, *faisant l'action de travailler avec zèle, de profiter des leçons, d'obéir à leurs maîtres.*

PARTICIPE PASSÉ. **240**. — Le participe passé s'em—

---

le participe d'un verbe intransitif, joint à avoir *?* — 247.° *Par quel moyen, en général, peut-on voir qu'un participe passé doit s'accorder ?*

EXERCICE. — Les législateurs montrent leur sagesse en appropriant les lois aux mœurs, aux opinions, aux temps, aux climats.

Les hommes sont plus sensibles à l'estime qu'à l'amitié : ils sont plus vains qu'ils ne sont aimants.

En nous approchant des plus grands hommes, nous nous étonnons souvent de les trouver si petits.

Les torts d'un ami sont affligeants et pour nous et pour lui.

Les avares, dérobant tout à leurs besoins, n'enrichissent que leur imagination.

Il n'y a pas de religion plus assujettissante que celle de l'opinion.

La mort du juste est une grande et consolante leçon.

ploie : — 1.º sans être joint à un auxiliaire ; Ex.: *Une porte* OUVERTE ; — 2.º joint à l'auxiliaire *être* ; Ex. : *Ma mère est* PARTIE ; *Ils se sont* BLESSÉS ; *Elles se sont* DONNÉ *des louanges ;* — 3.º joint à l'auxiliaire *avoir* ; Ex. : *J'ai* REÇU *la lettre que vous m'avez* ÉCRITE.

PARTICIPE SANS AUXILIAIRE. **241.** — *Première Règle*. — Le participe passé employé sans auxiliaire, exprime seulement l'état, comme un simple adjectif, et s'accorde avec le dénominatif auquel il a rapport ; il peut aussi, dans ce cas, être nommé *adjectif verbal ;* Ex. : *Une porte* OUVERTE. *Une personne* PARTIE. *La porte paraît* OUVERTE , *elle est* FERMÉE.

REMARQUE.— On a déjà dit que le verbe *être* n'est point verbe auxiliaire, mais verbe substantif lorsqu'il est suivi du participe passé d'un verbe transitif ; ainsi dans , *La porte est* FERMÉE, le participe *fermée* est employé comme un simple adjectif, pour marquer seulement l'état de la *porte*.

PARTICIPE JOINT A L'AUXILIAIRE *Être*. **242.** — *Deuxième Règle.*— Le participe passé joint à l'auxiliaire *être* , forme un temps composé de verbe intransitif ou de verbe pronominal. ·

1.º Le participe passé joint à *être* , dans un temps composé de verbe intransitif, s'accorde toujours avec

---

Les sages s'élèvent au-dessus de ceux qui les insultent, en leur pardonnant.

Les hommes peuvent être agréables par l'esprit , intéressants par le cœur , et grands par l'âme.

Une personne craignant de souffrir , souffre déjà ce qu'elle craint

Les amis exigeants ne sont point désintéressés.

L'ennui est une maladie de l'âme exigeant plus de force que le malheur

Les fantômes sont plus imposants de loin que de près.

Il en est des bruits publics comme des bulles de savon , traversant l'air et se dissipant tout-à-coup.

L'expérience achetée est bien la meilleure , pourvu qu'elle ne coûte pas trop cher.

Une parole dite en son temps vaut mieux qu'un long discours dit trop tard.

le sujet, dont il marque en même temps l'état et l'action ; Ex. : *Ma mère est* PARTIE *depuis huit jours*, c'est-à-dire, Ma mère a fait l'*action de partir* et se trouve dans l'*état d'une personne partie*.

2.° Le participe joint à *être*, dans les temps composés des verbes pronominaux, suit les mêmes règles que s'il était joint à *avoir*, puisque, comme on l'a déjà dit, l'auxiliaire *être*, dans les verbes pronominaux, est mis pour *avoir*.

PARTICIPE JOINT A L'AUXILIAIRE *Avoir*. **243**. — *Troisième Règle*. — Le participe passé joint à l'auxiliaire *avoir*, s'accorde avec son régime direct lorsqu'il en est précédé, parce que, alors, il en marque l'état en même temps qu'il exprime l'action du sujet ; Ex. : *Les lettres* QUE *vous m'avez* ÉCRITES, *je* LES *ai* REÇUES.

Dans cet exemple, on parle de *lettres écrites*, de *lettres reçues*, les participes *écrites* et *reçues* sont donc à l'égard de leurs régimes *que* et *les*, mis pour *lettres*, et dont ils sont précédés, comme de véritables adjectifs ; ils marquent l'état de leurs régimes directs, en même temps qu'ils expriment l'action des sujets *vous* et *je*.

Celui qui reçoit des louanges non méritées, doit les prendre à titre d'instruction.

On ne peut rien avoir de l'avare ni de la tirelire que lorsqu'ils sont détruits.

Les pensées et les maximes sont des sommaires de chapitres, offerts au lecteur pour les remplir.

Il n'est presque pas de romans qui n'aient nui aux mœurs.

Nous ne sommes jamais si aisément trompés que quand nous songeons à tromper les autres.

Tant qu'une faute est cachée, on ne la croit qu'à demi commise.

Si tous les maux que votre ennemi vous a causés ne peuvent être exprimés, il ne vous reste qu'à les oublier.

Ceux qui sont partis d'une erreur, ne sont point arrivés à la vérité.

Souvent de grands noms ont rapetissé ceux qui les ont portés.

La faute dont on a profité, on l'a commise.

Il y a des gens qui, par fausse modestie, se sont rapetissés

244. — *Quatrième Règle.* — Le participe passé joint à *avoir*, est invariable lorsqu'il est suivi de son régime direct ou qu'il n'en a pas, parceque, alors, il n'exprime que l'action du sujet ; Ex. : *Nous avons* ÉCRIT *des lettres. Ils ont* RÉCITÉ *leurs leçons. Elles ont* LU. *Vous avez* MANGÉ.

REMARQUES. **245.** — Le participe passé d'un verbe pronominal, étant joint à *être*, mis pour *avoir*, ne s'accorde donc qu'avec son régime direct, et lorsqu'il en est précédé ; dans le cas contraire, il reste invariable ; Ex. : *Mes amis se sont* RENDUS *à notre invitation ;* c'est-à-dire, Ont rendu *eux* à notre invitation. *Ils se sont* RENDU *des services,* c'est-à-dire, Ils ont rendu *à eux* des services.

246. — Le participe d'un verbe intransitif, joint à *avoir*, est toujours invariable, parce qu'il ne peut avoir de régime direct ; Ex. : *Elles ont* PARLÉ. *Nous avons* DORMI.

247. — On voit, en général, qu'un participe passé s'accorde, lorsqu'on peut le faire venir immédiatement après un nom précédent, en se servant de cette formule : *On parle de,* suivie du nom et du participe ; Ex. : *Les livres que vous m'avez* PRÊTÉS, *je les ai* RENDUS. On parle de *livres prêtés,* de *livres rendus ;* donc il y a accord.

---

pour paraître plus grands ; mais on les a pris tels qu'ils se sont montrés.

Saisissez l'occasion aux cheveux : lorsqu'elle a échappé, on ne la rattrape plus.

Ceux qui paraissent les plus empressés à nous plaire, sont plus occupés d'eux que de nous.

Les biens produits par le vice, sont toujours mêlés de mal.

Les époux qui se sont manqué l'un à l'autre, ont manqué le bonheur.

On ne devrait jamais rien entreprendre sans y avoir bien réfléchi, sans s'être demandé : où cela me mènera-t-il ?

PROCÉDÉ. — Indiquer : 1.º *Les participes soit présents, soit passés ;* — 2.º *Les participes présents, en disant pourquoi ils s'accordent ou ne s'accordent pas ;* — 3.º *Les participes passés, en disant la raison de leur accord ou de leur invariabilité.*

CHAPITRE SIXIÈME. — DE L'ADVERBE.

SEIZIÈME LEÇON.

DÉFINITION DE L'ADVERBE. **248.** — *L'Adverbe* est un modificatif invariable qui se joint à un autre modificatif, pour en déterminer le sens ; Ex. : *Travaillez* BIEN. *Celui qui est* PEU *studieux* NE *peut devenir* TRÈS-*instruit*.

249. — Le mot *adverbe* signifie, Près du verbe ; les adverbes sont ainsi nommés, parce que la plupart se joignent aux verbes.

PREMIÈRE DIVISION. **250.** — On distingue, sous le rapport de la forme, des adverbes *simples* et des adverbes *composés*.

1.º Les adverbes *simples* sont ceux qui sont formés d'un seul mot ; Ex. : *Il viendra* DEMAIN. *Agissez* PRUDEMMENT.

2.º On appelle adverbes *composés*, ou *locutions adverbiales*, ceux qui sont formés de plusieurs mots ; Ex. : *Il sortira* PEUT-ÊTRE. *Je suis* TOUT-A-FAIT *guéri*.

SECONDE DIVISION. **251.** — Sous le rapport de la signification, on distingue onze sortes principales d'adverbes, servant à marquer,

---

SEIZIÈME LEÇON.

QUESTIONNAIRE. — 248.º *Qu'est-ce que l'adverbe ?* — **249.**º *Pourquoi les adverbes sont-ils ainsi nommés ?* — 250.º *Comment les divise-t-on sous le rapport de la forme ?* — 251.º *Et sous le rapport de la signification ?* — 252.º *Citer les principaux adverbes ;* — 253.º *Les principales locutions adverbiales.* — 254.º *Quelle remarque fait-on sur les adverbes en* ment *?* — 255.º *Quand un adjectif est-il employé comme adverbe ?* — 256.º *Qu'est-ce que les adverbes conjonctifs ?* — 257.º *Qu'est-ce que les adverbes relatifs* — 258.º *Quels adverbes ont des régimes ?* — 259.º *Pourquoi les autres n'en ont-ils pas ?*

EXERCICE. — Veux-tu apprendre à bien vivre, apprends auparavant à bien mourir.

Celui qui veut avoir toujours raison, a toujours tort.

1.° Le *Temps*, comme *demain, bientôt*;
2.° Le *Lieu*, comme *où, ici, là*;
3.° La *Manière*, comme *bien, mal, utilement*;
4.° L'*Ordre*, comme *d'abord, ensuite*;
5.° La *Quantité*, comme *trop, beaucoup*;
6.° L'*Affirmation*, comme *oui, certainement*;
7.° La *Négation*, comme *non, ne pas, nullement*;
8.° Le *Doute*, comme *peut-être, probablement*;
9.° La *Comparaison*, comme *aussi, autant*;
10.° L'*Excellence*, ou l'*Extension*, comme *très, fort*;
11.° La *Restriction*, comme *peu, assez*.

252. — Voici la liste des principaux adverbes simples :

Alors, assez, aujourd'hui, auparavant, aussi, autant, autrefois, autrement, avant (Pénétrer bien *avant* dans le bois), *beaucoup, bien, bientôt, céans, certes, certainement, ci* (Le mémoire *ci*-joint), *combien, comme* (Il est *comme* fou), *comment, davantage, dedans, dehors, déjà, demain, désormais, dorénavant, dessous, dessus, devant, derrière, en* (Nous *en* sortons), *encore, enfin, ensemble, ensuite, exprès, fort, guère, hier, ici, jadis, jamais, là, loin, longtemps, lors, maintenant, mal, même, mieux, moins, naguère, non, ne, nullement, où, parfois, partout, peu, pis, plus, plutôt* (marquant la préférence), *presque, quelquefois, que* (signifiant *combien*), *seulement, si, soudain, souvent, tant, tantôt, tard, tôt, tellement, toujours, très, trop, y*, etc.

Il est très-facile de tromper l'homme en matière de religion, et très-difficile de le détromper.

La plupart des hommes sont comme des girouettes, qui ne se fixent que quand elles sont rouillées.

Aimer matériellement, c'est presque haïr.

Il n'y a pas de travail plus fatigant que celui de se procurer sans cesse des plaisirs.

Dieu dit à notre esprit comme à l'Océan : « Tu viendras jusqu'ici et tu ne passeras pas au-delà. »

Souvent on fait trop, craignant de ne pas faire assez.

Autrefois les plus grands génies avaient des opinions religieuses, aujourd'hui le plus petit esprit-fort les rejette.

L'avare est aussi pauvre de ce qu'il a que de ce qu'il n'a pas.

Voulez-vous savoir comment il faut donner ? mettez-vous à la place de celui qui reçoit.

4.

255. — Parmi les locutions adverbiales, on citera les suivantes :

Jusqu'alors, d'autant, d'autant plus, d'autant moins, d'autant mieux, ci-devant, ci-après, ci-dessus, ci-dessous, là-dessus, là-dessous, par-derrière, par-devant, en vain, jusqu'ici, d'ici, ici-bas, à jamais, pour jamais, de loin, au plus loin, loin à loin, de loin à loin, de loin en loin, pour lors, dès-lors, à même, de même, tout de même, le mieux, le mieux du monde, au mieux, ne pas, ne point, ne que, ne plus, non plus, point du tout, pas le moins du monde, peu-à-peu, dans peu, sous peu, quelque peu, tant soit peu, peu après, à peu près, à peu de chose près, peut-être, au pis aller, de mal en pis, le plus, de plus en plus, au plus, tout au plus, tant et plus, il y a plus, bien plus, qui plus est, de plus, plus ou moins, sans plus, plus tard, plus tôt (marquant le temps), tant mieux, tant pis, à la vérité, en vérité, sans doute, par hasard, d'abord, tout-à-coup, tout d'un coup, à l'avenir, une fois, à la fois, de nouveau, en définitive, en avant, en arrière, etc.

254. — Outre ces adverbes, il y en a un grand nombre qui sont terminés en *ment*, et dont la plupart sont formés des adjectifs qualificatifs et des adjectifs numéraux ordinaux. Ils servent à marquer la manière ou l'ordre, comme *Sagement*, formé de sage ; *Agréablement*, d'agréable ; *Deuxièmement*, de deuxième ; *Dixièmement*, de dixième.

Il n'y a pas d'homme, de si bon sens qu'il soit, qui ne raisonne tantôt bien, tantôt mal, selon que la raison ou la passion l'inspire.

Une seule vertu vaut mieux que tous les talents réunis.

Il est incertain où la mort nous attend : attendons-la partout.

L'espérance nous crie sans cesse : « En avant, en avant ! » et nous attire ainsi jusqu'au tombeau.

Trop de lumières jettent dans l'indécision ; l'aveugle va droit devant lui.

Il est plus aisé de se taire tout-à-fait que de parler peu.

Placé sur les ailes de la fortune, on a beau monter, la félicité se trouve toujours plus haut.

PROCÉDÉ. — *Indiquer :* 1.º *Les mots qui sont adverbes ;* — 2.º *Les adverbes simples et les composés ;* — 3.º *A quelle division ils appartiennent sous le rapport de la signification ;* — 4.º *Les adjectifs employés comme adverbes ;* — 5.º *Les adverbes conjonctifs ;* — 6.º *Les adverbes relatifs ;* — 7.º *Les régimes des adverbes.*

255. — Il y a aussi des adjectifs qui s'emploient comme adverbes, c'est quand, au lieu d'être joints à un dénominatif, ils ont rapport à un autre modificatif. Ils sont alors invariables ; Ex. : *Elle parle* BAS. *Cette fleur sent* BON. *Mes habits sont* TOUT *mouillés.*

ADVERBES CONJONCTIFS. **256.** — Certains adverbes servent quelquefois à joindre deux propositions, on les nomme alors *adverbes conjonctifs* ; ce sont *où*, *combien, comme, comment* ; Ex. : *Je sais où vous allez. J'ignore* combien *vous gagnez.*

ADVERBES RELATIFS. **257.** — Les adverbes de lieu, *en, y, où*, sont appelés *adverbes relatifs*, lorsqu'ils rappellent l'idée d'un adverbe ou d'un nom de lieu exprimé précédemment ; Ex. : *N'allez pas là, j'en viens. Il demeure dans la maison* où *j'ai passé deux ans.*

RÉGIME DES ADVERBES. **258.** — Les adverbes de quantité peuvent avoir un régime précédé de la préposition *de* ; Ex. : *Il a* PEU *de zèle. J'avais* BEAUCOUP *d'amis.*

259. — Les autres adverbes n'ont pas de régimes, parce que, placés après un verbe, l'idée qu'ils expriment, peut à elle seule en compléter le sens ; Ex. : *Il parle* ÉLOQUEMMENT. *Vous travaillez* TOUJOURS. — Il faut cependant en excepter quelques adverbes dont l'idée ne suffit pas pour compléter le sens du verbe ; Ex. : *Il agit* CONFORMÉMENT *à son devoir*, INDÉPENDAMMENT *de ses intérêts.*

(Voir les homonymes des adverbes dans le *Nouveau Cours de Grammaire.*)

CHAPITRE SEPTIÈME. — DE LA PRÉPOSITION.

DIX-SEPTIÈME LEÇON.

DÉFINITION DE LA PRÉPOSITION. **260.** — La *Pré-*

DIX-SEPTIÈME LEÇON.

QUESTIONNAIRE. — 260.º *Qu'est-ce que la préposition ?* — 261.º *Pourquoi est-elle ainsi nommée ?* — 262.º *Comment la préposition se distingue-t-elle des autres mots invariables?*

position est un mot invariable qui sert à joindre deux mots, dont le second complète ou détermine le sens du premier; Ex. : *J'ai dîné* AVEC *un ami. Il se promène* DANS *le jardin.*

261. — Le mot *Préposition* signifie, Placé devant. La préposition est ainsi nommée, parce qu'on ne peut l'employer sans la faire suivre d'un dénominatif avec lequel elle complète le sens d'un mot précédent.

262. — La préposition se distingue des autres mots invariables, en ce qu'on peut la faire suivre immédiatement des mots *quelqu'un*, *quelque chose*, ou en ce qu'elle est toujours suivie d'un dénominatif.

PREMIÈRE DIVISION. **263**. — On distingue, sous le rapport de la forme, des prépositions *simples* et des prépositions *composées*, ou *locutions prépositives*.

1.° On appelle prépositions *simples*, celles qui ne sont formées que d'un mot; Ex. : *Sa haine* CONTRE *nous. Réussir* PAR *ses efforts.*

2.° On nomme prépositions *composées*, celles qui sont formées de plusieurs mots ; Ex. : *Demeurer* PROCHE DE *l'église. Aller* AU-DEVANT DE *quelqu'un.*

SECONDE DIVISION. **264**. — Sous le rapport de la

— 263.° *Combien y-a-il de sortes de prépositions sous le rapport de la forme ?* — 264.° *Et sous le rapport de la signification ?* — 265.° *Quelles sont les principales prépositions et locutions prépositives ?* — 266.° *De quoi les prépositions sont-elles suivies ?* — 267.° *Que dit-on du régime de voici, voilà ?* — 268.° *Comment emploie-t-on voici et voilà ?*

EXERCICE. — Un état sans religion est un navire sans gouvernail.

Dans les grandes actions, il faut toujours songer à bien faire, et laisser venir la gloire après la vertu.

On ne peut être heureux si l'on fait consister le bonheur en ce qui ne dépend pas de soi.

L'ambitieux jette derrière lui ses jours l'un après l'autre ; il arrive au dernier sans avoir joui d'aucun.

signification, on peut distinguer neuf sortes principales de prépositions, savoir :

1.º De *Lieu*, comme *parmi*, *chez* ;

2.º De *Temps*, comme *durant*, *pendant* ;

3.º D'*Ordre*, comme *avant*, *après* ;

4.º D'*Union*, comme *avec*, *selon* ;

5.º De *Séparation*, comme *sans*, *excepté* ;

6.º De *But*, comme *pour*, *envers* ;

7.º D'*Opposition*, comme *malgré*, *contre* ;

8.º De *Cause*, ou de *Moyen*, comme *par*, *moyennant* ;

9.º D'*Indication*, comme *voici*, *voilà*.

265. — Voici la liste des principales prépositions simples, et des locutions prépositives :

Après, *d'après*, *attendu*, *vu*, *avant* (Partir avant le jour) ; *avec*, *d'avec*, *à*, *chez*, *par chez*, *concernant*, *touchant*, *contre*, *dans*, *de*, *deçà*, *delà*, *de delà*, *par-delà*, *depuis*, *derrière*, *dès*, *dessus*, *dessous*, *devant*, *durant*, *en* (Être en classe), *entre*, *envers*, *excepté*, *hors*, *hormis*, *malgré*, *moyennant*, *nonobstant*, *outre*, *par*, *parmi*, *pendant*, *pour*, *sans*, *selon*, *suivant*, *sous*, *sur*, *vers*, *voici*, *voilà*, etc.

A cause de, *en considération de*, *eu égard à*, *à côté de*, *au-delà de*, *au-devant de*, *à la rencontre de*, *au-dessous de*, *au-dessus de*, *aux environs de*, *à l'égard de*, *relativement à*, *par rapport à*, *en proportion de*, *à travers*, *au travers de*, *auprès de*, *à l'exclusion de*, *à l'exception de*, *au milieu de*, *à moins de*, *à partir de*, *autour de*, *de dessous*, *de dessus*,

---

La fortune met au-dessus des besoins, mais non pas des désirs.

Les hommes faibles passent leur vie entre le tort et le repentir.

Ce qu'on fait malgré soi est toujours difficile.

Un mensonge parmi les vérités les fait suspecter toutes.

Il faut tout faire pour le peuple et rien par lui.

Le mal est toujours à côté du bien, et le bien à côté du mal.

Ne te tiens ni trop près ni trop loin des grands et du feu.

Le vrai dévot est un parfait honnête homme vis-à-vis de Dieu, des hommes et de lui-même.

Le vrai héros est celui qui a le plus de courage contre lui-même.

Un papillon n'est qu'une chenille habillée, voilà le petit-maître.

par-dessus, par-dessous, du côté de, en comparaison de, au prix de, en deçà de, en dedans de, en dehors de, en présence de, en vue de, hors de, jusqu'à, jusqu'en, le long de, loin de, lors de, par dedans, par dehors, par-devant, près de, proche de, quant à, vis-à-vis de, en face de, etc.

Régime des prépositions. **266.** — Le dénominatif qui suit la préposition, sert à en compléter le sens, et, pour cette raison, se nomme *régime* de la préposition. Il est en même temps régime indirect d'un mot précédent, duquel, conjointement avec la préposition, il sert à déterminer ou à restreindre la signification ; Ex. : *Mettre un flambeau* sur *la table. Il est allé* loin de *la ville.*

267. — *Voici, voilà*, formés des mots *vois ici, vois là*, ne servent point à joindre leur régime à un mot précédent. Ces prépositions ont un régime semblable à celui du verbe *voir* dont elles sont formées ; Ex. : Voici *mon chapeau.* Voilà *mon opinion.*

268. — En général, on emploie *voici* pour indiquer un objet plus proche, ou une chose qui va être expliquée ; Ex. : Voici *mon chapeau, je le tiens.* Voici *mon intention : je ne sortirai pas.*

On emploie *voilà* pour indiquer un objet éloigné, ou une chose qui vient d'être expliquée ; Ex. : Voilà *votre chapeau au bout de la table. Je ne sortirai pas :* voilà *mon intention.*

La plaisanterie ne doit jamais se pousser jusqu'à l'offense.

Stimuler indiscrètement l'intelligence d'un enfant, c'est secouer un flambeau pour le faire brûler plus vite.

On est heureux en proportion de ses vertus.

Les plaisirs peuvent causer plus de souffrances en un seul mois de maladie ou de vieillesse, qu'ils n'avaient fait sentir de volupté durant toute la vie.

On est moins sûr d'avoir le bonheur en courant après, qu'en l'attendant chez soi.

Procédé. — **Indiquer** : 1.º *Les prépositions ; —* 2.º *Les prépositions simples et les composées ; —* 3.º *Leurs différentes sortes sous le rapport de la signification ; —* 4.º *Les régimes des prépositions.*

CHAPITRE HUITIÈME. — DE LA CONJONCTION ET DE L'INTERJECTION.

DIX-HUITIÈME LEÇON.

DÉFINITION DE LA CONJONCTION. **269.** — La *Conjonction* est un mot invariable qui sert à lier deux mots de même nature et de même fonction , ou deux propositions dont la seconde étend ou complète le sens de la première ; Ex. : *La maison* ET *le jardin m'appartiennent. Il est brave* OU *téméraire. Craignez Dieu* ET *accomplissez sa loi.*

PREMIÈRE DIVISION. **270.** — Les conjonctions , considérées quant à la forme , se divisent en *simples* et en *composées.*

1.° Les conjonctions *simples* sont formées d'un seul mot ; Ex. : *Ce père est bon ,* MAIS *il est ferme. Je crois* QUE *Paul viendra.*

2.° Les conjonctions *composées,* nommées aussi *locutions conjonctives,* sont formées de plusieurs mots ; Ex. : *Il est sorti* AVANT QUE *je l'aie vu. Dieu est juste ,* PAR CONSÉQUENT *il ne peut abandonner l'innocence.*

SECONDE DIVISION. **271.** — Considérées sous le rapport de la signification , les conjonctions peuvent

---

DIX-HUITIÈME LEÇON.

QUESTIONNAIRE. — 269.° *Qu'est-ce que la conjonction ?* — 270.° *Comment les conjonctions se divisent-elles quant à leur forme ?* — 271.° *Et quant à leur signification ?* — 272.° *Comment s'emploie quelquefois la conjonction* que *?* — 273.° *Quelles sont les principales conjonctions ?* — 274.° *Qu'est-ce que l'interjection ?* — 275.° *Pourquoi est-elle ainsi nommée ?* — 276.° *Quelles sont les principales interjections ?* — 277.° *Y a-t-il des mots qui s'emploient accidentellement comme interjections ?*

EXERCICE. — On peut tout ce qu'on veut quand on ne veut que ce qu'on doit.

L'antiquité doit être écoutée avec respect , mais imitée avec précaution.

se diviser en dix sortes principales : elles se nomment,

1.º *Additionnelles*, comme *et*, *ni* ;

2.º *Disjonctives* ou *Alternatives*, comme *ou*, *sinon*, *tantôt* ;

3.º *Adversatives*, comme *mais*, *cependant* ;

4.º *Dubitatives* ou *Conditionnelles*, comme *si*, *pourvu que* ;

5.º *Circonstancielles*, comme *quand*, *avant que* ;

6.º *Conclusives* ou *Transitives*, comme *ainsi*, *or*, *donc* ;

7.º *Causales*, comme *parce que*, *puisque* ;

8.º *Comparatives*, comme *de même que*, *ainsi que* ;

9.º *Explicatives*, comme *savoir*, *c'est-à-dire* ;

10.º *Complétive*, comme *que*. La conjonction *que* est nommée ainsi, parce qu'elle sert à lier deux propositions dont la seconde est toujours indispensable pour compléter le sens de la première ; Ex. : *Je désire* QUE *vous réussissiez. Il est plus sage* QUE *son frère ne l'a été.*

REMARQUE. **272.** — La conjonction *que* s'emploie aussi quelquefois pour remplacer une autre conjonction ; alors elle en prend la signification ; Ex. : *Il*

L'envieux mourant éteindrait volontiers le soleil, afin que personne n'en jouît après lui.

L'homme, ainsi que la vigne, a besoin de support : il lui faut des liens pour augmenter sa force.

Vous vous amusez, cependant le temps fuit.

Toujours l'espérance nous trompe, toutefois nous la croyons toujours.

Je ne puis ni estimer, ni aimer, ni haïr, ni craindre ceux qui n'ont que de l'esprit ; il est bon de les éviter.

Celui qui ne veut pas quand il peut, ne peut plus quand il veut.

La jalousie nous attire le mépris, parce qu'elle est un aveu tacite de notre infériorité.

Il faut aimer ses amis comme les amateurs aiment les tableaux ; ils ont les yeux attachés sur les beaux endroits, et ne voient pas les autres.

faut étudier QUAND *on est jeune et* QU'*on peut le faire*, c'est-à-dire, Et *quand* on peut le faire.

273. — Voici la liste des principales conjonctions :

Ainsi, aussi, car, comme, cependant, donc, et, mais, ni, néanmoins, or, ou (signifiant ou bien), pourquoi, quand, que, si, sinon, soit, toutefois ;

Au moins, du moins, c'est pourquoi, en conséquence, par conséquent, au reste, du reste, au surplus, d'ailleurs, ou bien, en effet, à savoir, c'est-à-dire ;

Avant que, à moins que, afin que, au lieu que, ainsi que, autant que, aussitôt que, attendu que, après que, bien que, de même que, de peur que, de façon que, de manière que, depuis que, dès que, encore que, jusqu'à ce que, loin que, lorsque, moyennant que, parce que, puisque, plutôt que, pourvu que, vu que, pendant que, pour que, pour peu que, quoique, sans que, suivant que, selon que, tant que, tandis que, etc. (1)

DE L'INTERJECTION. **274** — *L'Interjection* est un mot invariable servant à modifier le sens d'une proposition, en donnant plus de force à l'expression, sans être nécessaire au sens. L'interjection, n'ajoutant aucune idée à la phrase, doit être considérée

____

(1) Voir, dans le *Nouveau Cours de Grammaire*, les homonymes des conjonctions et des prépositions.

____

Tâchez de vivre tranquille si vous ne pouvez vivre heureux.

Les gens sages se taisent lorsque les fous crient.

Ne fais rien étant en colère, et ne te mets pas en mer pendant la tempête.

Il est plus sûr de recevoir un conseil que de le donner.

Le premier pas pour se corriger c'est d'être persuadé que l'on a tort ; et le premier pas pour se le persuader c'est de croire qu'on le peut avoir.

Oh ! combien l'on meurt avec calme lorsque l'on a bien vécu !

La vie n'est, hélas ! qu'une série de désenchantements et de douleurs.

Oh ! que ceux qui désirent vivre longtemps se font une grande illusion !

Vous demandez où est Dieu ? eh bien ! contemplez l'univers.

PROCÉDÉ. — **Indiquer :** 1.º *Les conjonctions ;* — 2.º *Les conjonctions simples et les composées ;* — 3.º *A quelles sortes elles appartiennent sous le rapport du sens ;* — 4.º *Les interjections.*

4.*

comme *mot explétif*; Ex. : Ah ! *quel malheur !* Eh !
qui aurait cru cela ?

275. — L'Interjection est ainsi nommée, parce
qu'elle est jetée au milieu du discours, sans liaison
ni rapport avec les mots d'une phrase.

276. — Telles sont les principales interjections,
employées pour marquer,

1.º La surprise, la crainte : *Ha ! hé ! ho ! bah !*
2.º La douleur : *Aïe ! ahi ! ah ! hélas ! ouf !*
3.º L'admiration : *Ah ! oh !*
4.º Le mépris, le dégoût : *Fi ! pouah !*
5.º L'approbation : *Bravo ! bon !*
6.º L'interrogation : *Eh ! eh bien !*
7.º L'avertissement : *Gare ! holà ! hé ! hem ! chut !*

277. — Certains mots ont accidentellement l'emploi d'interjections, comme *Allons ! courage ! paix !
Dieu ! silence !* Ex. : Allons ! *c'est bien.* — Courage !
continuez. — Paix ! silence ! *Taisez-vous.* — Dieu !
que c'est beau !

CHAPITRE NEUVIÈME. — REMARQUES PARTI-
CULIÈRES SUR CHAQUE ESPÈCE DE MOTS.

DIX-NEUVIÈME LEÇON.

Du Nom. **278.** — Le nom *couple* est du féminin
quand il désigne seulement deux choses semblables;

DIX-NEUVIÈME LEÇON.

Questionnaire. — 278.º *Quand le nom* couple *est-il du
féminin, et quand est-il du masculin ? —* 279.º *A quel genre
met-on l'adjectif joint au nom* gens *? — A quel genre se met
le mot* tout *devant ce nom ? —* 280.º *Quelles sont les quatre
règles concernant la formation du pluriel dans les noms composés ? —* 281.º *Quand le pronom* le *s'accorde-t-il, et quand
est-il invariable ? —* 282.º *Quand emploie-t-on les pronoms*
en, y, *au lieu des pronoms* lui, elle, eux, elles *? —* 283.º
Dans quel cas ne peut-on se servir du pronom qui, *après une
préposition ? —* 284.º *Quand, après* chacun, *met-on* son, sa,
ses, il, elle, lui, le, la *? —* 285.º *Quand le fait-on suivre
de* leur, leurs, ils, elles, eux, les *? —* 286.º *Quand le mot*

Ex. : *Une couple d'œufs ;* — et du masculin quand il désigne la réunion du mâle et de la femelle, ou deux êtres animés unis par le sentiment ou par toute autre cause qui les détermine à agir de concert ; Ex. : *Un couple de pigeons. Un couple d'amis.*

279. — Le nom *gens*, signifiant, Personnes, veut au masculin les adjectifs qui le suivent ; Ex. : *Des gens* HEUREUX ; et au féminin ceux qui le précèdent : Ex. : *De* MÉCHANTES *gens.* — *Tous*, reste au masculin devant *gens*, excepté lorsque ce nom est précédé d'un adjectif qui a une terminaison particulière pour les deux genres ; on dit avec le masculin : TOUS *les gens honnêtes* ; TOUS *les honnêtes gens* ; — et avec le féminin : TOUTES *les bonnes gens.*

PLURIEL DES NOMS COMPOSÉS. **280.** — Les *noms composés* forment leur pluriel de différentes manières :

1.º Quand ils sont composés seulement de deux noms, ou d'un adjectif et d'un nom, ils prennent la marque du pluriel aux deux mots ; Ex. : *Une malle-poste, des malles-postes. Une basse-taille, des basses-tailles.*

2.º Quand ils sont composés de deux noms ou d'un

---

personne *est-il pronom, et quand est-il nom ?* — 287.º *Quand emploie-t-on* l'un l'autre, les uns les autres, *et quand doit-on se servir de* l'un et l'autre, les uns et les autres ?

EXERCICE. — Un *couple* heureux est celui dont l'affection a pour base l'estime réciproque.

A celui qui vous a donné une *couple* de figues lorsque vous aviez faim, rendez-lui deux boisseaux de blé, si vous le pouvez.

Un retour sur nous-mêmes devrait nous faire supporter avec plus de patience la sottise des *gens* importuns et vaniteux.

L'orgueilleux peut avoir une noble générosité ; tous les *gens* vains n'ont qu'une basse envie.

De sottes *gens* peuvent avoir de l'esprit, mais ils manquent toujours de jugement.

Tous les honnêtes *gens* préfèrent l'honneur à l'intérêt.

Vanter le temps passé en dépréciant le présent, c'est l'habitude de presque toutes les vieilles *gens.*

Les *petits-maîtres* n'aiment rien autant qu'eux.

adjectif et d'un nom, unis par une préposition, le premier mot prend seul la marque du pluriel ; Ex. : *Un arc-en-ciel, des arcs-en-ciel. Une belle-de-nuit, des belles-de-nuit.*

3.° Quand ils sont composés de deux mots dont l'un est un nom ou un adjectif, et l'autre, un verbe, ou un adverbe, ou une préposition, la marque du pluriel ne se met qu'au nom ou à l'adjectif; Ex. : *Une entre-côte, des entre-côtes. Une haute-contre, des hautes-contre.*

4.° Quand les mots dont ces noms se composent, ne sont ni noms ni adjectifs, on ne met la marque du pluriel à aucun de ces mots ; Ex. : *Des passe-partout. Des bien-être.*

On n'emploie pas non plus la marque du pluriel, lorsque les noms dont sont formés les noms composés ne renferment point une idée de pluralité ; Ex. : *Des tête-à-tête. Des réveille-matin. Des serre-tête ;* c'est-à-dire, Des bonnets qui serrent *la tête*, etc.

Du Pronom. **281.** — Le pronom *le* varie quand il tient la place d'un nom, ou d'un adjectif pris

---

En politique comme en littérature, il n'y a rien de pire que les *demi-connaisseurs.*

En révolution, une foule de *pieds-plats* se trouvent sur un grand pied.

La gloire, la vanité peuvent faire de nous des *vers-luisants* ; mais nous sommes toujours des vers.

Que sont les *chefs-d'œuvre* des hommes à côté du plus petit insecte ?

De tous les *passe-partout*, l'or est celui qui ouvre le plus de portes.

Une femme peut être aimable sans beauté, mais il est rare qu'elle *le* soit sans un esprit cultivé.

Deux personnes ne s'aiment bien que lorsqu'elles n'ont plus besoin de se *le* dire.

Nous ne sommes pas plus maîtres de toujours aimer que nous ne *l'*avons été de ne pas aimer.

Mettons nos affaires en ordre aujourd'hui même, de crainte que la mort ne nous *le* permette pas demain.

Ne méprisons pas nos inférieurs ; car s'ils *le* sont aujourd'hui, nous serons peut-être demain leurs égaux.

substantivement , et reste invariable quand il a rapport à un adjectif , à un nom pris adjectivement , à un infinitif ou à une proposition.

On dira en faisant accorder ce pronom : *Étes-vous la mère de cet enfant ? Je* LA *suis. —* Étes-vous *les mariés ? Nous* LES *sommes.*

On dira avec *le* invariable : *Étes-vous mère ? Je ne* LE *suis pas. —* Étes-vous *mariés ? Nous* LE *sommes. — Si vous avez raison , il faut* LE *prouver.*

282.— En parlant de choses , on se sert généralement du pronom *en,* pour remplacer *de lui, d'elle, d'eux , d'elles ,* et du pronom *y,* au lieu de *lui , leur, à lui , à elle , à eux , à elles ;* Ex. : *Voici une bonne occasion, profitez-*EN , et non , Profitez d'elle. *Mon devoir est terminé, je m'y suis appliqué,* et non , Je me suis appliqué *à lui,*

283. — En parlant de choses , au lieu d'employer *qui* après une préposition , on se sert de *lequel, laquelle, lesquelles ;* ainsi l'on dit : *Les honneurs* AUXQUELS *il aspire,* et non, Les honneurs *à qui* il aspire.

284. — Après *chacun ,* on met généralement l'adjectif *son , sa , ses ,* et les pronoms du singulier *il ,*

Les plaisirs augmentent et les douleurs diminuent lorsqu'on peut *les* raconter.

Les hommes investis de la puissance sont souvent portés à *en* abuser.

La peur aggrave le mal sans *y* remédier.

A l'instant où l'homme s'affuble du costume d'un état , il *en* prend l'esprit.

Tous les hommes sont d'accord sur la nécessité du bonheur ; tous se disputent les moyens d'*y* parvenir.

Accoutumons-nous à la patience sans *laquelle* les maux de l'humanité se doublent.

Le témoignage de la conscience est un paiement sur *lequel* nous pouvons toujours compter.

Faire le bonheur d'autrui est l'occupation la plus douce à *laquelle* on puisse se livrer.

Les vertus ont *chacune* leur prix ; mais toutes doivent être accompagnées de la modestie.

Tous les hommes doivent se secourir *les uns les autres , chacun* selon ses moyens.

elle, *lui*, *le*, *la*, lorsque ce qui précède *chacun* exprime un sens complet ; Ex. : *Ils apportèrent des offrandes, chacun selon* SES *moyens. La loi lie tous les hommes chacun en ce qui* LE *concerne.*

285. — Après ce même pronom, on met toujours l'adjectif *leur*, *leurs*, et les pronoms du pluriel *ils*, *elles*, *leur*, *les*, lorsque ce qui précède *chacun*, ne forme pas un sens complet ; Ex. : *Ils ont apporté chacun* LEURS *offrandes. Ils offrirent chacun tout ce qu'*ILS *possédaient.*

286. — Le mot *personne* signifiant, Aucune personne, est pronom, et toujours du singulier masculin ; Ex. : PERSONNE *n'est plus obligeant que vous.* — *Personne*, signifiant, Une personne, des personnes, est un nom du féminin, et s'emploie aux deux nombres ; on le reconnaît en le faisant précéder de *la*, *une*, *des* ; Ex. : *J'ai vu des* PERSONNES *obligeantes.*

287. — On dit *l'un l'autre*, *les uns les autres*, pour marquer une idée de réciprocité ; Ex. : *Aimez-vous* LES UNS LES AUTRES ; — et l'on emploie *l'un et l'autre*, *les uns et les autres*, pour marquer seulement une idée de pluralité ou de simultanéité ; Ex. : L'UN ET L'AUTRE *sont venus. Je les ai rencontrés* LES

Personne n'est aussi content de son sort que de soi.

L'avare aime mieux être offensé en sa *personne* qu'en son trésor.

Les hommes ne sont-ils donc sur la terre que pour se déchirer *les uns les autres* ?

En ce monde il se faut *l'un l'autre* secourir.

Ayez de l'ordre et de l'économie : avec *l'une et l'autre* de ces qualités, on vient à bout de bien des choses.

Fuyez l'homme fin ainsi que l'hypocrite : *l'un et l'autre* sont également à craindre.

PROCÉDÉ. — **Rendre compte :** 1.º *Du genre du nom* couple *et du nom* gens ; — 2.º *De la manière dont est formé le pluriel des noms composés* ; — 3.º *De l'accord et du non-accord du pronom* le ; — 4.º *De l'emploi des pronoms* en, y ; — 5.º *De l'emploi de* lequel, lesquels, *à la place de* qui ; — 6.º *De l'adjectif possessif placé après* chacun ; — 7.º *Du mot* personne ; — 8.º *Des mots* l'un l'autre, l'un et l'autre.

UNS ET LES AUTRES. — Il faut dire : *Ils se sont donnés l'un à l'autre des coups*, et non *l'un l'autre* ; le mot *l'autre* se rapporte au régime indirect de *donner*, c'est pour, L'un a donné des coups *à l'autre*.

VINGTIÈME LEÇON.

DE L'ADJECTIF. **288.**—L'Adjectif, après deux noms synonymes, ou après deux noms joints par la conjonction *ou*, s'accorde seulement avec le dernier ; Ex. : *Il a montré un courage, une intrépidité* ÉTONNANTE. *Le frère ou la sœur est* INNOCENTE.

Il en est de même après deux noms joints par *mais*, le premier étant précédé d'une négation ; Ex.: *Ce n'est pas le frère, mais la sœur qui est* INNOCENTE.

289. — Après deux noms entre lesquels se trouve une conjonction comparative, comme *plutôt que, moins que*, ou les expressions *et non, mais non, avec*, l'adjectif s'accorde avec le premier nom ; Ex. : *Le frère, plutôt que la sœur, est* AFFLIGÉ *de cette nouvelle. L'argent, mais non la vertu, est* HONORÉ *dans le monde.*

290.— Cependant, après deux dénominatifs joints soit par *ou*, soit par les conjonctions comparatives *ainsi que, comme, de même que, aussi bien que,*

VINGTIÈME LEÇON.

QUESTIONNAIRE. — 288.° *Quand l'adjectif après deux noms s'accorde-t-il seulement avec le dernier ?* — 289.° *Quand s'accorde-t-il seulement avec le premier ?* — 290.° *Quel est le cas qui fait exception à ces deux derniers principes ?* — 291.° *A quels mots s'appliquent encore ces règles ?* — 292.° *Que fait-on observer sur les adjectifs* nu *et* demi *?* — 293.° *Comment l'adjectif s'accorde-t-il après avoir l'air ?* — 294.° *Que fait-on quand deux adjectifs réunis veulent un régime différent ?* — 295.° *Qu'y a-t-il à observer quant à l'adjectif déterminatif, lorsqu'un nom est précédé de deux adjectifs exprimant des qualités opposées ?* — 296.° *Quel doit être le nombre du nom après deux adjectifs du singulier, exprimant des qualités opposées ?* — 297.° *Dans quel cas ne faut-il pas employer d'adjectif possessif ?* — 298.° *Quand les adjectifs possessifs* son, sa, ses, leur, *doivent-ils se remplacer par*

l'adjectif se met toujours au pluriel si les deux dénominatifs sont de différentes personnes ; Ex. : *Vous ou votre sœur serez* RICHES. *Ma mère aussi bien que moi avons été* MALADES.

291. — Ces règles d'accord sont également applicables aux pronoms relatifs, aux verbes, et aux participes variables.

292. — Les adjectifs *nu* et *demi* placés devant le nom, sont invariables, et se joignent au nom par un trait d'union ; Ex. : *Ils étaient* NU-*pieds*, NU-*tête. Ils sont restés ici une* DEMI-*heure.*

— Placé après le nom, le mot *nu* en prend le genre et le nombre, mais le mot *demi* en prend seulement le genre ; Ex. : *Il marche pieds* NUS, *tête* NUE. *Il est deux heures et* DEMIE, *c'est-à-dire, Et une demie.*

293. — Après *avoir l'air*, l'adjectif qui suit immédiatement, s'accorde avec le nom *air*, lorsque ce nom signifie, Physionomie, extérieur ; Ex. : *Elle a l'air* MÉCHANT, *et elle est bonne.*

— Si le nom *air* ne signifie pas, Physionomie, extérieur, ou si l'on parle de choses, il vaut mieux se servir de *avoir l'air d'être*, ou de *paraître*, en fai-

---

EXERCICE. — La nature a pour les âmes sensibles un charme , une beauté toujours *nouvelle.*

Le goût du jeu , fruit de l'avarice et de l'oisiveté , décèle un esprit ou un cœur *vide.*

Ce ne sont pas les amis , mais la fidélité qui est *rare.*

La modération dans les désirs , plutôt que les jouissances de la vie , est *propre* à nous rendre heureux.

Les courtisans vont *nu*-tête et les esclaves vont *nu*-pieds.

On doit éviter , presque autant que le mal , les *demi*-remèdes dans les grands maux.

sant accorder l'adjectif suivant avec le sujet du verbe ; Ex. : *Cette femme a l'air d'être enceinte. Cette viande a l'air d'être fraîche* ou *paraît fraîche.*

294. — Lorsque deux adjectifs réunis veulent un régime différent, on doit répéter le régime en se servant d'un pronom, pour donner à chaque adjectif le régime qui lui convient ; Ex. : *Cet homme est utile à sa famille et* EN *est chéri*, et non, Cet homme est utile et chéri de sa famille. L'adjectif *utile* veut *à* devant son régime, et l'adjectif *chéri* veut *de.*

295. — On répète l'adjectif déterminatif devant chacun des qualificatifs qui précèdent un nom, lorsque ces qualificatifs expriment des qualités opposées; Ex. : Nos *bons et* NOS *mauvais succès*, et non, Nos *bons et mauvais succès.*

296. — Après deux adjectifs du singulier, et exprimant des qualités opposées, on laisse le nom au singulier ; Ex. : *Un vieux et un jeune* SOLDAT.

297. — On ne doit pas employer d'adjectif possessif, lorsque le sens de la phrase indique clairement quel est le possesseur ; Ex. : *J'ai mal à la tête,* et non, J'ai mal à *ma* tête.

298. — Lorsque le possesseur est une chose, il

Voulez-vous prendre les plus grands hommes en pitié ? voyez-les lorsqu'ils sont *nus.*

Les *demi*-savants n'ont que le masque de la science.

Ne passez point une heure et *demie* à faire ce qui ne demande qu'une heure : rien ne peut racheter quelques minutes perdues.

Une femme qui a l'air *hardi* manque de pudeur.

Combien de gens ont l'air *noble*, et dont les sentiments sont méprisables !

Peu d'hommes sont *sensibles* aux bienfaits de la nature et en sont *dignes.*

Les faux et *les* vrais amis se ressemblent en apparence ; c'est dans l'adversité qu'on peut les distinguer.

Un bon et un mauvais roi sont également entourés de flatteurs ; la vérité approche difficilement des trônes.

Il faut subir avec un esprit égal la bonne et la mauvaise *fortune.*

Agir sans principes fixes c'est consulter sa montre après *en* avoir placé l'aiguille au hasard.

faut remplacer *son*, *sa*, *ses*, *leur*, *leur*, par le pronom *en* et par l'adjectif *le*, *la*, *les*, devant un régime direct et devant le sujet du verbe *être*; Ex. : *J'ai vu Rome et j'*EN *ai admiré* LES *antiquités*, et non, J'ai admiré *ses* antiquités. *Aimez l'étude*, LES *avantages* EN *sont très-grands*, et non, *Ses* avantages sont très-grands.

299. — Les adjectifs *vingt* et *cent* ne prennent une *s* que quand ils sont multipliés par un autre nombre, et qu'ils ne sont pas suivis d'un adjectif numéral; ainsi, l'on écrira avec *s* : *Quatre-*VINGTS *hommes*; *Deux* CENTS *ans*; — et sans *s* : *Quatre-*VINGT-*dix hommes*; *Deux* CENT *onze ans*.

300. — *Mille* ne prend jamais la marque du pluriel quand il est adjectif numéral; il s'écrit *mil* pour marquer la date ordinaire des années; Ex. : *L'an* MIL *huit cent sept*; — et *mille*, pour signifier, Dix fois cent; Ex. : *Deux* MILLE *hommes*.

301. — On écrit *quel que* en deux mots, devant un verbe, en faisant accorder *quel* avec le sujet du verbe; Ex. : *Je ne les crains pas* QUELS QU'ILS *soient.* QUELLES QUE *soient nos forces*, il ne faut pas trop nous y fier.

— *Quelque* devant un nom, s'écrit en un seul

Les éloges sont comme les richesses : c'est faute d'*en* connaître le prix qu'on *en* est si prodigue.

Sur *cent* personnes, il y en a plus de quatre-*vingts* qui sacrifient à la jouissance du présent toutes les espérances de l'avenir.

Ceux que nous calomnions, valent souvent *cent* fois mieux que nous.

Si ceux qui vivaient il y a deux *cents* ans revenaient sur la terre, combien ils auraient à admirer, mais aussi à blâmer !

Il est des vérités démontrées deux *mille* fois et qu'il faut démontrer encore.

Cent familles à dix *mille* livres de rente sont plus utiles qu'une seule à un million.

Quelles que soient les lois, il faut les respecter.

Quelle que soit votre naissance, *quelque* brillants que soient vos titres, *quelques* richesses que vous possédiez, tout ce que vous avez doit servir au bien de l'humanité.

mot, il est adjectif et s'accorde ; Ex. : QUELQUES *trésors que vous possédiez, vous n'êtes pas aussi riche que lui.*

— *Quelque*, placé devant un adjectif ou un adverbe, et signifiant, *tout*, *très*, *autant que possible*, est adverbe et invariable ; Ex. : QUELQUE *savants qu'ils soient*, ils ignorent encore bien des choses, c'est-à-dire, *Tout* savants qu'ils sont, Qu'ils soient savants *autant que possible*, ils ignorent, etc.— QUELQUE *sagement que nous nous conduisions*, on nous *blâme*, c'est-à-dire, Que nous nous conduisions *très-* sagement, ou sagement *autant que possible*, on nous blâme.

302. — *Tout*, signifiant, *entièrement*, *quelque*, est adverbe et invariable devant un adverbe, devant un adjectif masculin, et devant un adjectif féminin commençant par une voyelle ou une *h* muette; Ex. : *Elles vont* TOUT *doucement. Ils étaient* TOUT *affligés*, TOUT *désespérés. Ces hardes* TOUT *usées qu'elles sont, pourront encore servir.*

— *Tout*, quoique adverbe, s'accorde par euphonie, devant un adjectif féminin commençant par une consonne ou une *h* aspirée ; Ex. : *Elle s'en alla* TOUTE *consolée*, TOUTE *honteuse.*

Quelque pures que soient leurs intentions, *quelques* lumières qu'ils aient acquises, les hommes peuvent se laisser égarer : les plus habiles, les plus sages *même* ne sont pas infaillibles.

Quelque dissimulés que soient les méchants, Dieu connaît les moindres secrets de leurs cœurs.

Tout méchants que sont les hommes, Dieu veut que nous les aimions.

La vertu *tout* austère qu'elle est, fait goûter bien des plaisirs.

Il n'y a point d'absurdités qui ne trouvent des têtes *toutes* disposées à les recevoir.

Toutes spirituelles que sont certaines gens, ils ne savent pas que c'est montrer de l'esprit que de faire paraître celui des autres.

303. — *Même*, placé après deux ou plusieurs noms, ou joint soit à un adjectif, soit à un verbe, signifie, *Aussi, de plus;* il est alors adverbe et invariable; Ex.: *Il lui en coûta tout son bien et la vie* MÊME, c'est-à-dire, Et de plus la vie. *Ils lui dirent des injures, et* MÊME *ils le frappèrent.*

— *Même*, placé après un seul nom ou un pronom, est adjectif et s'accorde. Placé après un pronom personnel, il doit y être joint par un trait d'union; Ex.: *Eux-*MÊMES. *Nous-*MÊMES. *Les maîtres* MÊMES.

304. — L'adjectif *le* est variable devant *plus, mieux, moins*, lorsque ces adverbes sont suivis d'adjectifs après lesquels on peut mettre les expressions *de tous, de toutes;* Ex.: *Ma sœur est* LA *plus calme* (de toutes), *quoiqu'elle soit* LA *plus malheureuse* (de toutes).

— Au contraire, *le* est invariable, lorsque *le plus, le mieux, le moins*, peuvent se rejeter après l'adjectif, et être suivis de l'adverbe *possible;* Ex.: *Ma sœur est calme lors même qu'elle est* LE *plus malheureuse*, c'est-à-dire, Qu'elle est malheureuse *le plus possible.*

Comment un autre pourrait-il garder notre secret, si nous ne pouvons le garder *nous-mêmes?*

L'héroïsme de la bonté est d'aimer jusqu'à ses ennemis *mêmes.*

Le sage est économe du temps et des paroles *même.*

Nous nous accoutumons si bien à nos ridicules, que nous ne soupçonnons *même* pas que les autres s'en aperçoivent.

PROCÉDÉ. — **Rendre compte :** 1.º *De l'accord de l'adjectif avec l'un des deux noms auxquels il est joint ;* — 2.º *Des mots nu, demi ;* — 3.º *De l'adjectif après avoir l'air ;* — 4.º *Des adjectifs qui veulent un régime différent ;* — 5.º *De la répétition de l'adjectif déterminatif ;* — 6.º *Du nombre du nom après deux adjectifs marquant des qualités opposées ;* — 7.º *Du pronom en, remplaçant son, sa, ses, leur ;* — 8.º *Des adjectifs vingt, cent, et mille ;* — 9.º *Des mots quelque, tout et même.*

VINGT-UNIÈME LEÇON.

Du Verbe. **305.** — Lorsque le sujet d'un verbe est un nom exprimé, il ne faut point placer devant le verbe les pronoms *il, elle, ils, elles.* Ainsi l'on dira : Dieu, *qui est juste, punira les méchants,* et non, *Il* punira les méchants.

306. — Après deux noms unis par *de,* le verbe s'accorde avec le premier si c'est un collectif général, c'est-à-dire, un nom exprimant une réunion totale d'objets ; Ex. : *La* foule *des humains* est *vouée au malheur.*

Il s'accorde au contraire avec le second nom, si le premier est un collectif partitif, c'est-à-dire, un nom exprimant une réunion partielle, ou une partie d'une plus grande quantité ; Ex. : *Une* foule *de personnes* sont *vouées au malheur.*

307. — Si le nom pluriel est sous-entendu après le collectif partitif, le verbe se met également au pluriel ; Ex. : *La* plupart *se* font *illusion,* c'est-à-dire, La plupart des *hommes* se font, etc. *Un grand nombre* sont *de cet avis,* c'est-à-dire, Un grand nombre d'*hommes* sont, etc.

VINGT-UNIÈME LEÇON.

Questionnaire. — 305.º *Qu'y a-t-il à éviter lorsque le sujet d'un verbe est un nom exprimé ? — 306.º Comment s'accorde le verbe après deux noms dont le premier est un collectif ? — 307.º Que fait-on si le collectif partitif n'est pas suivi d'un nom exprimé ? — 308.º Comment sont considérés les adverbes de quantité ? — 309.º Quels mots indiquent si le collectif est général ou partitif ? — 310.º Quand le verbe* être*, après ce, doit-il se mettre au pluriel, et quand doit-il rester au singulier ? — 311.º Que fait-on quand deux verbes veulent un régime différent ? — 312.º Quand ne peut-on employer le pronom conjonctif comme régime indirect ? — 313.º Quand ne peut-on se servir de l'adverbe* où *? — 314.º Quel est l'emploi du parfait défini ? — 315.º Quelles règles suit-on pour l'emploi des temps du subjonctif ?*

Exercice. — Il est peu de caractères si féroces qui ne *puissent* s'adoucir par la bienveillance.

La plupart des hommes n'*ont* pas d'avis à eux.

308. — Les adverbes de quantité sont considérés comme collectifs partitifs ; Ex. : BEAUCOUP *cherchent le bonheur, mais* PEU *le trouvent ;* ou PEU *de personnes trouvent le bonheur.*

309. — *Le, la,* placés devant un collectif, annoncent généralement que c'est un collectif général ; et *un, une,* que c'est un collectif partitif. — Le mot *la plupart* est cependant un collectif partitif.

310. — Le verbe *être* se met à la troisième personne du pluriel après le pronom *ce,* lorsque ce verbe est suivi d'un nom pluriel ou d'un pronom pluriel de la troisième personne ; Ex. : *Ce* SONT *eux. Ce* SONT *elles. Ce* SONT *mes amis.*

— Si, au contraire, le verbe *être* après *ce* est suivi soit d'un pronom de première ou de seconde personne, soit d'un ou de plusieurs noms du singulier, il se met à la troisième personne du singulier ; Ex. : *C'*EST *moi. Ce* SERA *nous. C'*ÉTAIT *vous. C'*EST *son frère et sa sœur.*

311. — Lorsque deux verbes veulent un régime différent, il faut répéter le régime en se servant d'un pronom, pour donner à chaque verbe le régi-

---

Pour connaître combien la plupart de nos désirs *sont* insensés, il suffit de les voir satisfaits.

La multitude, lorsqu'elle *jouit* de l'autorité, est le plus cruel des tyrans.

Beaucoup de personnes *voudraient* savoir, mais peu *désirent* apprendre.

La réunion des partis *est* le salut de la patrie.

Ce ne sont pas les années, *c'est* une longue préparation qui donne de l'assurance.

Nous nous plaignons d'avoir des ennemis ; *c'est* nous qui le plus souvent nous les sommes faits.

Ce n'est point à la philosophie *que* nous devons recourir dans le malheur, mais à la religion.

C'est de nos passions *que* nous sommes esclaves ; domptons-les en remplissant nos devoirs, et nous serons vraiment libres.

La vie vous semble à charge : allez dans la cabane du pauvre, c'est là *que* vous apprendrez à vous trouver heureux.

Le temps vous manque pour accomplir aujourd'hui votre tâche ; pourquoi ne la *fîtes*-vous pas hier ?

me qui lui convient ; Ex. : *Il aime ses parents et* LEUR *obéit,* et non, Il aime et obéit à ses parents. — Le verbe *aimer* veut un régime direct ; et *obéir* veut un régime indirect marqué par *à.*

312. — Le pronom conjonctif ne doit pas être employé comme régime indirect d'un verbe dont son antécédent est aussi régime indirect ; on ne dira donc pas : *C'est à vous* A QUI *je veux parler ; C'est de lui* DONT *je tiens cette nouvelle ;* mais, C'est à vous *que* je veux parler ; C'est de lui *que je tiens cette nouvelle.*

313. — Pour la même raison, on ne se servira pas de l'adverbe relatif *où,* pour marquer le même rapport que le mot dont il rappelle l'idée ; on ne devra pas dire : *C'est dans cette maison où je demeure ; C'est là où je vais,* mais, C'est dans cette maison *que* je demeure ; C'est là *que je vais.*

314. — Il ne faut employer le *parfait défini* qu'en parlant d'un temps entièrement écoulé et séparé du moment où l'on parle, au moins de l'intervalle d'un jour ; on dira : *Je sortis hier ; Il arriva la semaine dernière,* et non, Je *sortis* ce matin ; Il *arri-*

Il est rare qu'on ne *fasse* pas un bon marché en achetant le plaisir par des privations.

Il n'est point de vice qui n'*ait* une fausse ressemblance avec la vertu, et qui n'en *prenne* le langage.

L'accomplissement du devoir est le seul acte qui *atteigne* son but.

L'envieux voudrait que tout ce qui est bon *appartînt* à lui seul.

Est-il un homme qui n'*ait* jamais *eu* à se plaindre de ses semblables ?

Les hommes parlent de la félicité ; mais combien y en a-t-il qui *aient* jamais *su* en quoi elle consiste ?

Il faudrait que tous les hommes *aimassent* les louanges, et qu'ils *s'efforçassent* de les mériter.

PROCÉDÉ. — **Rendre compte** : 1.º *De l'accord des verbes après un collectif ;* — 2.º *Du nombre du verbe être après ce ;* — 3 º *Du mot que remplaçant qui, régime indirect, ou bien remplaçant l'adverbe où ;* — 4.º *De l'emploi du parfait défini ;* — 5.º *De l'emploi des temps du subjonctif.*

va cette semaine ; parce que le jour, la semaine ne sont pas écoulés.

Emploi des temps du Subjonctif. **315.** — Après une conjonction ou un pronom conjonctif, qui veut être suivi du subjonctif, on emploie le plus souvent :

1.º Le *présent* ou le *parfait* du subjonctif, si le premier verbe est au présent ou au futur de l'indicatif ; — on emploie le *présent* du subjonctif pour marquer un présent ou un futur, et le *parfait* pour marquer un passé ou un futur antérieur ; Ex. : *Il faut, il faudra qu'il* RÉUSSISSE, *qu'il* AIT RÉUSSI ;

2.º *L'imparfait* ou le *plus-que-parfait* du subjonctif, si le premier verbe est à un passé ou à un temps du conditionnel ; — on emploie *l'imparfait* pour marquer un présent ou un futur, et le *plus-que-parfait* pour marquer un passé ou un futur antérieur ; Ex. : *Il fallait, il faudrait qu'il* RÉUSSÎT, *qu'il* EÛT RÉUSSI.

VINGT-DEUXIÈME LEÇON.

Du Participe. **316.** — Il ne faut pas confondre les participes présents *négligeant, précédant, fabri-*

VINGT-DEUXIÈME LEÇON.

QUESTIONNAIRE. — *316.º Quels sont les participes présents dont l'orthographe n'est pas la même que celle des adjectifs qui leur correspondent ? — 317.º Dans quel cas le participe passé ne s'accorde-t-il pas avec le pronom* que *? — 318.º Quelle règle suit-on pour le participe précédé d'un régime direct et suivi d'un infinitif ? — 319.º Quelle est la règle concernant le participe* fait *devant un infinitif ? — 320.º Quand le participe s'accorde-t-il avec le* peu *et quand est-ce avec le nom précédé de le* peu *? — 321.º Que demandent après eux les adverbes de comparaison ? — 322.º Quelles remarques fait-on sur* alentour, auparavant, *et* davantage *? — 323.º Sur la préposition* à *entre deux noms ? — 324.º Sur les mots* au travers *et* à travers *? — 325.º Sur* près de *? — 326.º Sur la conjonction* ni *?*

EXERCICE. — Il n'y a rien à la longue de plus *fatigant* que l'oisiveté.

L'ambition *fatiguant* l'espèce humaine, prend les hommes pour instruments et pour victimes.

quant, *convainquant*, *fatiguant*, *intriguant*, avec les adjectifs correspondants qui, se prononçant de la même manière, ont une orthographe différente, et s'écrivent ainsi : *négligent*, *précédent*, *fabricant*, *convaincant*, *fatigant*, *intrigant* ; Ex. : *Un homme* NÉGLIGEANT *ses devoirs. Une personne très-*NÉGLIGENTE.

317. — Le participe passé précédé du pronom *que*, ne s'accorde point lorsque ce pronom n'est pas régime direct. On écrit donc sans accord : *Les trois heures que j'ai* DORMI, signifiant, Pendant lesquelles j'ai dormi ; *Les sommes que cette maison a* COÛTÉ, signifiant, Par lesquelles cette maison a été acquise ; — *Les pluies qu'il a* FAIT, c'est-à-dire, Qui ont eu lieu ; *Les remèdes qu'il a* FALLU, c'est-à-dire, Qui ont été nécessaires.

318. — Le participe passé précédé d'un régime direct et suivi d'un infinitif, s'accorde avec le régime direct lorsque l'infinitif peut se tourner par le participe présent ; Ex. : — *Les orateurs que j'ai* ENTENDUS *parler*, c'est-à-dire, Que j'ai entendus *parlant*. — Dans le cas contraire, le participe passé reste invariable ; Ex. : *Les romances que j'ai* ENTENDU *chanter* ; on ne peut pas dire, Que j'ai entendu *chantant*.

319. — Le participe *fait* suivi immédiatement d'un

Parmi les courtisans, on découvre beaucoup *d'intrigants* et peu d'amis.

On obtient souvent plus en *intrigant* qu'en méritant.

Les dix années qu'un bon roi a *régné*, ont été plus utiles au peuple que tous les règnes des tyrans.

Tous les efforts qu'il a *fallu* à l'hypocrite pour se déguiser, lui ont causé plus de peines qu'il n'en aurait éprouvé pour faire le bien avec franchise.

Les hommes que l'on a *vus* abuser des plaisirs, sont ceux qui s'en sont lassés le plus facilement.

Cent ans d'oisiveté ne valent pas une heure qu'on a *su* bien employer.

Que de jeunes gens se sont *laissé* égarer par de mauvais conseils !

5.

infinitif, est toujours invariable ; Ex. : *Les volumes que j'ai* FAIT *relier.*

320.—Le participe passé après *le peu* s'accorde avec *le peu*, lorsque ce mot signifie, Le manque, l'insuffisance ; alors on ne peut supprimer *le peu* sans changer le sens ; Ex. : *Le peu d'attention que vous avez* MONTRÉ *a été* REMARQUÉ, c'est-à-dire, Le manque, l'insuffisance d'attention etc. ; on ne pourrait dire sans changer le sens : *L'attention que vous avez montrée a été remarquée.*

Le participe s'accorde, au contraire, avec le nom qui suit *le peu*, lorsque ce dernier mot signifie, Le petit nombre, la petite quantité ; alors on peut supprimer *le peu* sans changer le sens ; Ex. : *C'est au peu de livres que j'ai* LUS *que je dois le peu de connaissances que j'ai* ACQUISES, c'est-à-dire, C'est *au petit nombre* de livres que j'ai lus que je dois *la petite quantité* de connaissances etc., ou C'est aux livres que j'ai lus que je dois les connaissances que j'ai acquises.

DE L'ADVERBE. **521.** — Après les adverbes de comparaison, on emploie *que*, et non pas *comme* ; dites donc : *Paul est aussi âgé* QUE *moi*, et non, *comme moi.*

322. — Il ne faut pas confondre les adverbes *alentour, auparavant, davantage*, qui ne doivent jamais être suivis d'un régime, avec les prépositions

---

Que d'hommes on a *vus* tomber d'une haute fortune par les mêmes défauts qui les y avaient *fait* monter !

Quel spectacle est préférable à celui des heureux qu'on a *faits ?*

Il faut s'affliger des maux que l'on a *fait* souffrir, même involontairement, et s'efforcer de les réparer.

Ne pas écrire correctement, c'est dévoiler le peu d'éducation qu'on a *reçu.*

Les difficultés viennent souvent du peu d'attention qu'on y a *donné.*

Il n'est aucun homme qui ne s'imagine que le peu de talents qu'il a *montrés*, doivent commander la considération de tous,

autour, *avant* et l'adverbe *plus*, qui prennent un régime. On ne dit pas : *Ses fils étaient* ALENTOUR *de la table*, mais *Autour* de la table ; — *Il est arrivé* AUPARAVANT *nous*, mais *Avant* nous ; — *Il a* DAVANTAGE *de talent que son frère*, mais *Plus* de talent etc. — *Auparavant* et *davantage* ne doivent pas non plus être suivis de *que* ; ne dites pas : AUPARAVANT QUE *je vienne*, mais *Avant que je vienne* ; ni *Il en a* DAVANTAGE QUE *moi*, mais *Plus que moi*.

DE LA PRÉPOSITION. **323.** — On n'emploie pas la préposition *à*, mais la préposition *de* entre deux noms, pour marquer un rapport de possession ; ne dites pas : *Le livre à Jules*, mais *Le livre de Jules*.

324. — Après *au travers*, on met la préposition *de*, et, après *à travers*, on ne la met pas ; Ex. : *Il passa* AU TRAVERS DES *ennemis*. *Courir* A TRAVERS *les champs*.

325. — *Près de* est préposition, signifiant, Sur le point de. — *Prêt*, suivi de *à*, est adjectif, signifiant, préparé, disposé à ; Ex. : *Nous étions* PRÈS *de tomber*. — *Elle était* PRÊTE *à vous recevoir*.

DE LA CONJONCTION. **326.** — La conjonction *ni* dispense d'exprimer *pas* ou *point*, soit après le verbe précédent, soit après le verbe suivant ; ainsi l'on dira : *Il ne craint ni ne respecte ses maîtres*, et non, Il ne craint *pas* ni ne respecte *pas* ses maîtres.

Le peu de connaissances que nous avons *acquises* ne sont rien en comparaison de celles qui nous restent à acquérir.

Combien de gens *près* de la mort qui ne sont pas *prêts* à mourir !

PROCÉDÉ. — **Rendre compte :** 1.º *De l'orthographe des participes présents et des adjectifs leurs correspondants qui ont une orthographe différente ;* — 2.º *Du participe passé précédé du pronom conjonctif* que *ne faisant pas l'office de régime direct ;* — 3.º *Du participe passé précédé d'un régime direct et suivi d'un infinitif ;* — 4.º *Du participe* fait *;* — 5.º *Du participe après le* peu *;* — 6.º *Des mots* près de *et* prêt à.

CHAPITRE DIXIÈME. — DE LA PONCTUATION.

VINGT-TROISIÈME LEÇON.

327. — La *Ponctuation* est la manière d'indiquer par des signes les divisions du discours, de marquer la distinction des sens et les pauses que l'on doit faire en lisant.

328. — On a déjà vu qu'il y a dix signes de ponctuation et quels sont ces signes (*page* 10, *n.*° 40).

Du Point. **329**. — Le *Point* (.) se met à la fin d'une phrase dont le sens est achevé ; Ex. : *Le pauvre qui donne volontiers un peu, fait plus que le riche qui donne beaucoup à contre-cœur.*

Du Point-Virgule. **330**. — Le *Point-Virgule* (;) se met à la fin d'une proposition dont le sens est complet, mais qui est suivie d'une autre avec laquelle elle est liée par le sens ; Ex. : *La fable est le voile de la vérité ; l'erreur en est le fantôme.*

Des Deux-Points. **331**. — Les *Deux-Points* (:) se placent généralement avant une citation, ou entre deux propositions dont l'une explique ou développe ce qui est énoncé par l'autre ; Ex. : *Dieu dit :* « *que la lumière soit ;* » *et la lumière fut. Pratiquez la vertu : voilà le moyen d'être heureux. Les hommes ne connaissent guère que les excès : on chancelle à gauche, on verse à droite.*

De la Virgule. **332**. — La *Virgule* (,) se met le plus ordinairement entre les parties semblables d'une même proposition, et entre les propositions

---

VINGT-TROISIÈME LEÇON.

QUESTIONNAIRE. — 327.° *Qu'est-ce que la ponctuation ?* — 328.° *Quels sont les signes de ponctuation ; dont il a déjà été parlé ?* — 329.° *Quel est l'usage du point ?* — 330.° *Où se met le point-virgule ?* — 331.° *Où place-t-on les deux-points?* — 332.° *A quoi sert la virgule ?* — 333.° *Quel est l'usage du point d'exclamation ?* — 334.° *Où se met le point d'interrogation ?* — 335.° *Qu'est-ce que la parenthèse ?* — 336.° *Quand*

semblables, lorsque ces propositions ou ces parties ne sont pas jointes par *et, ni, ou*. — Elle sert encore à renfermer des expressions incidentes ou explicatives, comme des noms employés en apostrophe, certains régimes indirects qui ne sont pas indispensables au sens, etc.; Ex.: *On traverse l'enfance, la jeunesse, l'âge viril et la vieillesse pour redevenir enfant. Aimons Dieu, qui nous a donné l'existence, qui nous la conserve et qui veut que nous la lui consacrions. — Tenez-vous en garde, mon ami, contre l'entraînement des passions. Attachez-vous à mériter, dans toutes les circonstances, l'estime de vos semblables.*

DU POINT D'EXCLAMATION. **355**. — Le *Point d'Exclamation* (!) se place après les interjections, et à la fin des propositions qui expriment une exclamation ; Ex. : *Oh! que la nature est admirable! Combien la plus petite de ses merveilles est supérieure aux plus grands chefs-d'œuvre des hommes !*

DU POINT D'INTERROGATION. **354**. — Le *Point d'Interrogation* (?) se met après les propositions qui expriment une interrogation ; Ex. : *Qui peut dire qu'il fut heureux, s'il ne fut vertueux ?*

DE LA PARENTHÈSE. **355**. — La *Parenthèse* ( ) sert à renfermer certains mots explicatifs, ou une proposition formant un sens séparé au milieu d'une phrase ; Ex. : *La peste (puisqu'il faut l'appeler par son nom), faisait aux animaux la guerre. L'année suivante (1632), Gustave donna la bataille de Lutzen.* — On met une virgule après le dernier crochet de la parenthèse, lorsque le sens la demande, mais on n'en met jamais devant le premier.

DES POINTS DE SUSPENSION. **356**. — Les *Points*

---

s'emploient les points de suspension ? — 337.° A quoi servent les guillemets ? — 338.° Quel est l'usage du tiret ? — 339.° Quelles sortes de pauses sont marquées par les signes de ponctuation ?

EXERCICE et PROCÉDÉ. — (Voir à la page 7, 8 et 9. Prendre aussi un exercice quelconque d'une leçon précédente, et rendre compte de l'usage des signes de ponctuation qui y sont renfermés.)

de *Suspension* (.....) s'emploient pour marquer une interruption dans l'expression de la pensée ; Ex. :

Si du sang de nos rois quelque goutte échappée.....
O jour heureux pour moi !

DES GUILLEMETS. **337.** — Les *Guillemets* («») annoncent une citation ; Ex. : *Toute la science physionomique repose sur ces paroles du sage : « Le visage est le miroir de l'âme. »*

DU TIRET. **338.** — Le *Tiret* (—) s'emploie pour marquer un changement d'interlocuteur ; Ex. :

Est-ce assez? dites-moi ; n'y suis-je point encore? — Nenni. — M'y voici donc? — Point du tout. — M'y voilà? — Vous n'en approchez point.

DES PAUSES. **339.** — La *virgule* annonce la moindre de toutes les pauses, une pause presque insensible ; — Le *point-virgule* désigne une pause un peu plus grande ; — Les *deux-points* marquent un repos encore un peu plus considérable ; — Le *point* absolu, ou interrogatif, ou exclamatif, annonce une pause plus complète ; — L'*alinéa*, qui fait reprendre le discours au commencement d'une autre ligne, indique la plus longue de toutes les pauses.

(Voir dans le *Nouveau Cours de Grammaire*, toutes les règles syntaxiques et les solutions raisonnées des nombreuses difficultés grammaticales).

CHAPITRE ONZIÈME. — DES LOCUTIONS VICIEUSES.

VINGT-QUATRIÈME LEÇON.

A.

340. LOCUTIONS VICIEUSES. = LOCUTIONS CORRECTES.

LOCUTIONS VICIEUSES.	LOCUTIONS CORRECTES.
Venir à bonne heure.......	Venir de bonne heure.
Des fruits d'une bonne acabit.	Des fruits d'un bon acabit.
Des souliers acculés........	Des souliers éculés.
Travaillez de manière à ce que.	Travaillez de manière que.....
On ne change plus à nos âges..	On ne change plus à notre âge.
Il en a mal agi envers moi....	Il a mal agi envers moi.
Il nous a agonisés de sottises.	Il nous a accablés de sottises.
Un aigledon..............	Un édredon.
Il aime jouer..............	Il aime à jouer.
Un appartement bien airé....	Un appartement bien aéré.

LOCUTIONS VICIEUSES.	LOCUTIONS CORRECTES.
Mettez-vous en airière	Mettez-vous en arrière.
Ajamber un ruisseau	Enjamber un ruisseau.
Du cresson à la noix	Du cresson alénois.
Un grand alcove	Une grande alcove.
Je me suis en allé	Je m'en suis allé.
J'ai plusieurs endroits à aller.	Je dois aller dans plusieurs endroits.
Allez coucher, promener	Allez vous coucher, vous promener.
Allumez le feu, la lumière	Faites du feu. Allumez la bougie, la chandelle.
De la bonne amadou	De bon amadou.
Ce cheval va l'ambe	Ce cheval va l'amble.
Un chat angola	Un chat angora.
Il est aprés à lire. La clef est aprés la porte	Il lit. La clef est à la porte.
On demande après vous	On vous demande.
Un arboriste. Les argots du coq.	Un herboriste. Les ergots du coq.
A revoir, à demain	Au revoir, à demain.
Du fil d'aréchal. Un atmosphère	Du fil d'archal. Une atmosphère.
Asseyez-vous auprès de moi, contre moi	Asseyez-vous près de moi.
Une belle autel	Un bel autel.
Aveindez mon habit	Aveignez mon habit.

B.

Bailler aux corneilles	Bayer aux corneilles.
Un baromette	Un baromètre.
Les hirondelles volent basses	Les hirondelles volent bas.
Une belsamine. Une berloque. Des bertelles	Une balsamine. Une breloque. Des bretelles.
Faire l'école bissonnière	Faire l'école buissonnière.
Le vin est fait pour boire	Le vin est fait pour être bu.
L'argenterie est bosselée	L'argenterie est bossuée.
Une bouillote. Une bouloire	Une bouilloire.
Quel boulvari !	Quel hourvari !
Prendre quelqu'un à brasse-corps	Prendre quelqu'un à bras-le-corps.
Il a la brelue	Il a la berlue.
Brouillasser. Il brouillasse	Bruiner. Il bruine.
J'ai bu du café	J'ai pris du café.
Il a rempli le but	Il a atteint le but.

C.

Il cach'te une lettre	Il cachette une lettre.
Le cahottement d'une voiture.	Le cahotage d'une voiture.

LOCUTIONS VICIEUSES.	LOCUTIONS CORRECTES.
Des pommes de calvi........	Des pommes de calville.
Ma sœur est en campagne...	Ma sœur est à la campagne.
Caneçou. Castonade. Castrole.	Caleçon. Cassonade. Casserole.
Ce meuble est casuel........	Ce meuble est fragile.
Un cataplace. Une centime. Des cercifis..............	Un cataplasme. Un centime. Des salsifis.
Fièvre célébrale. Cercler un jardin	Fièvre cérébrale. Sarcler un jardin.
Chaircuitier. Chirurgien. Clain-caillier	Charcutier. Chirurgien. Quin-caillier.
Allez vous changer..........	Allez changer de vêtements, de linge.
Ces vases coûtent six francs chaque	Ces vases coûtent six francs chacun.
Cette demoiselle est châtaine.	Cette demoiselle a les cheveux châtains.
Clou à porte. Colidor. Colimacon	Cloporte. Corridor. Limaçon.
Colorer une image..........	Colorier une image.
Le combien du mois sommes-nous?...... , ...	Quel est le quantième du mois?
Comme de juste....	Comme il est juste.
Un commerce conséquent. Une affaire conséquente.......	Un commerce considérable. Une affaire importante.
Le feu a consommé cet édifice.	Le feu a consumé (détruit) cet édifice.
Il a consumé ses vivres......	Il a consommé (épuisé, employé) ses vivres.
Une contrevention. De la cor-porance	Une contravention. De la cor-pulence.
Cela me fait mal au cou du pied.	Cela me fait mal au coude-pied.
Coûte qui coûte............	Coûte que coûte.
Un couvèque. La couverte du lit.	Un couvercle. La converture du lit.
Il se tait crainte de se tromper.	Il se tait de crainte de se tromper
Crasser ses habits..	Encrasser ses habits.
Aller à croche-pied..........	Aller à cloche-pied.
De la pâtisserie croustillante.	De la pâtisserie croquante.
Une cuillère de bouillon.....	Une cuillerée de bouillon.

D.

Cette fleur est celle qui me plaît davantage	Cette fleur est celle qui me plaît le plus.
Elle ne décesse de parler....	Elle ne cesse de parler.
J'ai décommandé cet habit. .	J'ai contremandé cet habit.
En définitif, il ne veut pas..	En définitive, il ne veut pas.
Je lui en défie.............	Je l'en défie.
C'est un coquin déhonté......	C'est un coquin éhonté.

LOCUTIONS VICIEUSES.	LOCUTIONS CORRECTES.
J'ai donné le dernier adieu...	J'ai donné le denier à Dieu.
Un dinde très-gras.........	Une dinde très-grasse.
J'ai dormi un bon somme....	J'ai fait un bon somme.
Cette femme se tient droite...	Cette femme se tient droit.
Il a joui de cela sa vie durante.	Il a joui de cela sa vie durant.

E.

Une échaffourée.............	Un échauffourée
Ce mot m'est échappé........	Ce mot m'a échappé. (*Je ne l'ai pas remarqué*).
Cette parole m'a échappé.....	Cette parole m'est échappée. (*Je l'ai dite par mégarde, sans intention*).
J'ai une écarde au doigt.....	J'ai une écharde au doigt.
Ce travail m'a échigné.......	Ce travail m'a épuisé, m'a exténué.
Des écosses de pois, de fèves.	Des cosses de pois, de fèves.
Égaler un terrain...........	Égaliser un terrain.
Un égloge. Une embauchoir...	Une églogue. Un embauchoir.
Un danger éminent.........	Un danger imminent.
S'emmouracher.............	S'amouracher.
Une emplâtre. De la bonne empois...................	Un emplâtre. De bon empois.
Il est enchifferné	Il est enchifrené.
Un énigme. Une enflammation.	Une énigme. Une inflammation.
Ce vieillard m'en impose par son âge.................	Ce vieillard m'impose par son âge.
Enterrez le feu...........	Couvrez le feu.
Un épigramme. Un épigraphe. Un épitaphe.............	Une épigramme. Une épigraphe. Une épitaphe.
Un équerre. Un équivoque. Un érésypèle	Une équerre. Une équivoque. Un érysipèle.
Une esclandre. Un espadron..	Un esclandre. Un espadon.
Une étisie. Une évangile. Une exorde................	Une phthisie. Un évangile. Un exorde.
Je vous demande excuse.....	Je vous fais des excuses. Je vous demande pardon.

F.

C'est un faigniant. Vous êtes farce	C'est un fainéant. Vous êtes farceur.
Cette personne m'a fixé effrontément.........	Cette personne m'a regardé effrontément.
Il m'a flanqué un verre d'eau, un soufflet............	Il m'a flaqué un verre d'eau. Il m'a donné un soufflet.
Fleurez cette rose. Elle flaire bon	Flairez cette rose. Elle fleure bon.

LOCUTIONS VICIEUSES.	LOCUTIONS CORRECTES.
La floraison. De la franchipane.	La fleuraison. De la frangipane.

G.

Une géane. Noir comme un geai...................	Une géante. Noir comme du jais.
Du gaudron. Un gigier. Des gravats................	Du goudron. Un gésier. Des gravois.
Il est gelé de froid.........	Il est gelé.
Graisser un porc...........	Engraisser un porc.

H.

Un habit d'hasard. Une hémis-phère...............	Un habit de hasard. Un hémis-phère.
Une hémistiche. Une belle hôtel.	Un hémistiche. Un bel hôtel.
Une hémorragie de sang.....	Une hémorragie.
C'est un hustuberlu........	C'est un hurluberlu.

I.

Ce moment ici.............	Ce moment-ci.
L'idée lui a pris de sortir....	L'idée lui est venue de sortir.
Il n'a qu'à pleuvoir.........	S'il pleut.
Invectiver quelqu'un........	Invectiver contre quelqu'un.
Cet élève est impardonnable..	Cet élève est indigne de pardon.
Une incendie. Une intervalle. Une inventaire..........	Un incendie. Un intervalle. Un inventaire.

J.

Un jeu d'eau..............	Un jet d'eau.
Jouir d'une mauvaise réputa-tion....................	Avoir une mauvaise réputation. Jouir d'une bonne réputation.

L.

Des chevaux de labourage....	Des chevaux de labour.
Mettez cela sur le lavier.....	Mettez cela sur l'évier.
De bonnes légumes. Une ser-viette à linteau..........	De bons légumes. Une serviette à liteau.

M.

Une fièvre maline. Une mar-gotte d'œillet............	Une fièvre maligne. Une mar-cotte d'œillet.
De la marmalade. Des maté-raux...................	De la mamelade. Des maté-riaux.
Cet homme est matinal.......	Cet homme est matineux.
Je sortirai sur les midi......	Je sortirai sur le midi.
Une mignature. Un air minu-ble...................	Une miniature. Un air pauvre.
Il a été fait mourir.........	On l'a fait mourir.

N.

LOCUTIONS VICIEUSES.	LOCUTIONS CORRECTES.
Des nefles. Des nentilles	Des nèfles. Des lentilles.
Je le verrai à la noël	Je le verrai à Noël.

O.

Je vous observe que ce n'est pas cela	Je vous fais observer que ce n'est pas cela.
Un bel offre. Une bonne onguent	Une belle offre. Un bon onguent.
De la fleur d'orange. Une opprobre	De la fleur d'oranger. Un opprobre.
Orthographer. Orviatan	Orthographier. Orviétan.
Une robe ouettée. Un jour ouvrier	Une robe ouatée. (prononcez : *ouétée*). Un jour ouvrable.

P.

Elle pâmo de joie	Elle se pâme de joie.
Une pantomime. Une paraphe.	Une pantomime. Un paraphe.
Une rue passagère. Un intérêt pécunier.	Une rue passante. Un intérêt pécuniaire.
De la pimpernelle	De la pimprenelle.
Elle va de mal en pire	Elle va de mal en pis.
Elle n'a personne à plaire	Il n'y a personne à qui elle veuille plaire.
Ployer une serviette. Plurer une pomme	Plier une serviette. Peler une pomme.
Une plurésie. Pomon. Pomonique	Une pleurésie. Poumon. Pulmonique.
Il a la pogne forte. Des cheveux postiyes	Il a le poignet fort. Des cheveux postiches.

Q.

Dites-moi qu'elle heure qu'il est	Dites-moi quelle heure il est.

R.

Avoir des raisons avec quelqu'un	Avoir des altercations avec quelqu'un.
Je ne m'en rappelle pas. Je ne me rappelle pas d'avoir dit cela	Je ne me le rappelle pas. Je ne me rappelle pas avoir dit cela.
Un air rébarbaratif. Rancuneur	Un air rébarbatif. Rancunier.
Récurer un puits, un chaudron.	Curer un puits. Écurer un chaudron.
Réguiser un couteau. Du réglisse	Aiguiser un couteau. De la réglisse.

LOCUTIONS VICIEUSES.	LOCUTIONS CORRECTES.
Ce ragoût me donne des renvois.	Ce ragoût me donne des rapports.
Je reste rue St.-Honoré.	Je demeure rue St.-Honoré.
Je prendrai ma revange.	Je prendrai ma revanche.

S.

Il saigne souvent au nez.	Il saigne souvent du nez.
Du sandaraque. Une secoupe.	De la sandaraque. Une soucoupe.
De la semouille. Un sentinelle.	De la semoule (prononcez : semouille.) Une sentinelle.
Je sors d'être malade.	Je viens d'être malade.
Un soubriquet. Partez de suite.	Un sobriquet. Partez tout de suite.
Sucrez-vous, monsieur.	Sucrez votre café, votre thé. Prenez du sucre.
J'ai lu cela sur le journal.	J'ai lu cela dans le journal.

T.—U.

Usez-vous du tabac ?	Prenez-vous du tabac ?
Tant qu'à moi. Tant qu'à cela.	Quant à moi. Quant à cela.
Cet homme, tel qu'il soit, ne me plaît pas.	Cet homme, quel qu'il soit, ne me plaît pas.
Une tête d'oreiller.	Une taie d'oreiller.
Toucher du piano, du clavecin.	Toucher le piano, le clavecin.
Une fois pour tout.	Une fois pour toutes.
Trayer des pois. Faire un trayage de livres.	Trier des pois. Faire un triage de livres.
Cette étoffe est d'un bon usage.	Cette étoffe est d'un bon user.

V.

Un vayislas. Un plante venimeuse.	Un vasistas. Une plante vénéneuse.
Vaille qui vaille.	Vaille que vaille.
Il est venu beau.	Il est devenu beau.
Aller aux vêpres.	Aller à vêpres.
Avoir des torts vis-à-vis de quelqu'un.	Avoir des torts envers quelqu'un.
Faire la volte.	Faire la vole.
Voyons voir. Regardez voir.	Voyons. Regardez.

◄►FIN.◄►

Amiens. — Imp. de DUVAL et HERMENT, place Périgord, 4.

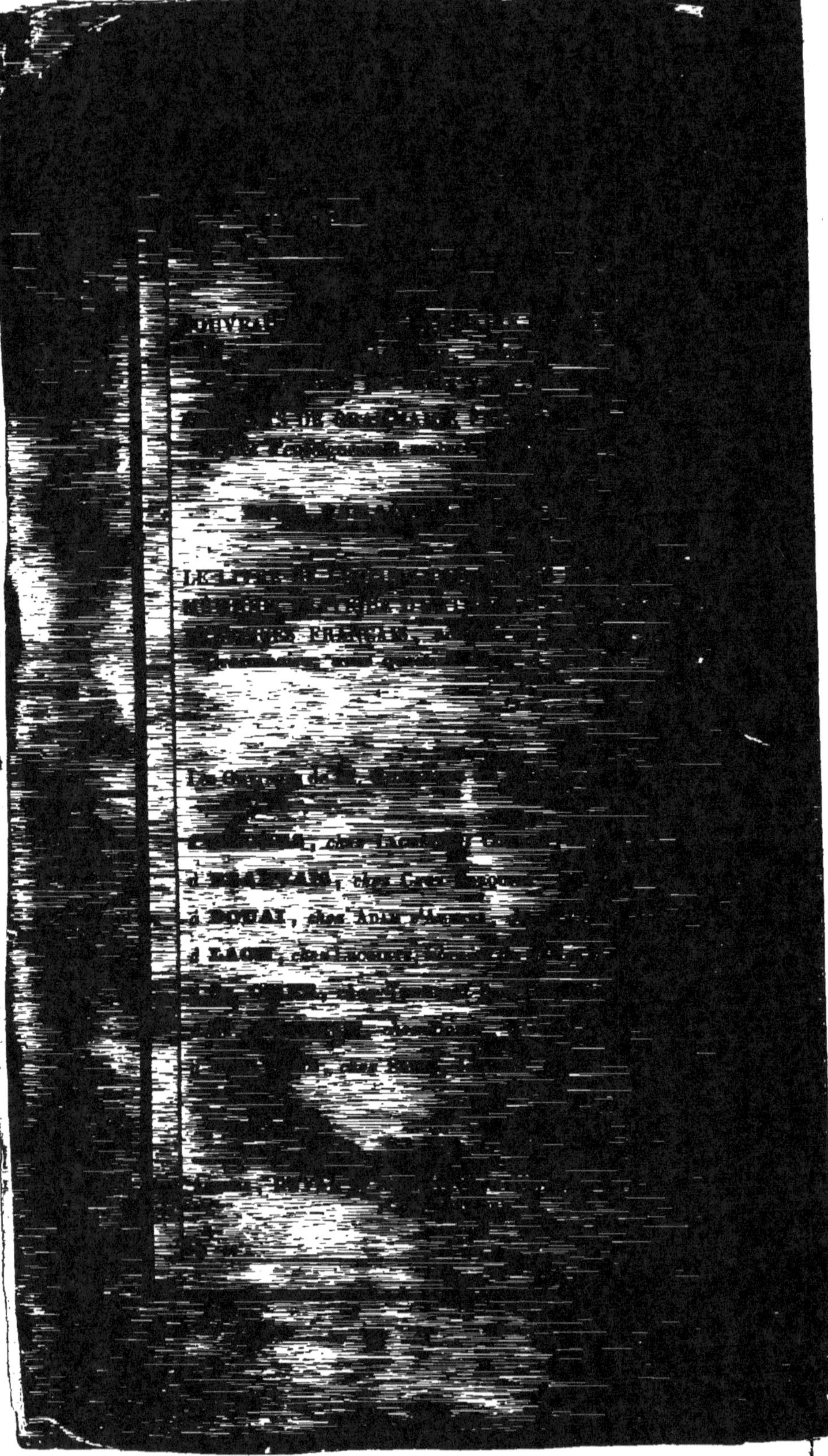